KAWADE
夢文庫

育ちのいい人が身につけているちょっとした習慣

菅原圭

河出書房新社

「育ちのよさ」を感じさせる品性は今からでも身につけられる——まえがき

就活、婚活、お受験……。

人生を決定する、こうした機会においては言うまでもなく、日々の暮らしの中でも、出会った人や触れ合った人に「あ、感じのいい人だな」と思ってもらえるかどうか。そこで、その先が大きく違ってくることは、意外なくらい多いものだ。

人はそれぞれ、ちょっとした言葉のはしばしや、姿勢や身のこなし、たとえば書類を手渡すなど、一見、なんでもないような行動から「感じがいいか、どうか」を敏感にかぎ分けていく。

感じがいい人には、ちょっとした身のこなしも自然でなめらかで、それでいて、品があるものだ。そうした印象を醸《かも》し出す、その人が持つそこはかとない雰囲気やオーラのような空気感……。

それこそが、この本でぜひ身につけていただきたい「育ちのいい人」だけが持つ存在感だ。

美人やイケメン、抜群のスタイルを持つ人も、もちろん、魅力にあふれている。だが、人には心がある。見た目の魅力以上に、人の心を捉えて離さない、それが「育ちのよさを感じさせる人」なのだ。

そんなことを言われたって、生まれたところは今さら変えられないし……と不満げな顔をしている人は、「育ちのよさ」を誤解している。育ちのよさは、生まれ育った家で決まる、と思い込んでいるのではないだろうか。

「氏《うじ》より育ち」という。家柄や身分やリッチであるかどうかよりも、育った環境や躾《しつけ》のほうが、その後の人間性により大きな影響を与える、という意味だ。

親の躾や教えの影響も大きいものだが、それ以上に大人になってから、自らが意識し、日々の物言いや行動に気を配る。そうした習慣を身につけていくと、しだいに、そして自然に「品性豊かな、いかにも育ちのいい印象」を漂《ただよ》わせるようになっていく。

つまり「育ちのよさ」とは、毎日の、ちょっとした行動の積み重ねから育まれていくものなのだ。そこに、いつも自分に恥ずかしくないように振る舞うのだという自らを律する意識が重なって、徐々に培《つちか》われていく第二の天性のようなものである、と私は考えている。

「礼儀やマナーを心得ている」というと、他人のいるところでの立ち居振る舞いを連想する人が多いだろう。

もちろん、マナーは主に、こう振る舞うと印象がよいとか、こうすると相手に不快感を与えないということを言う。だが、それ以前に、人目がないからといって、だらしない格好でいたり、みっともない振る舞いをしたりしない。

誰よりも、自分が自分をちゃんと見ている、律しているという自分自身に対する矜持《きょうじ》や意識がすべての行動の底にある。

人が見ているかどうかは、関係ない。本質は、どんなときも自分で自分に恥じないような意識・行動を保てるかどうかに尽きると言ってよいだろう。

本書に書いてあるのは、ささやかで、一見、大したことではないことも少なくない。だが、日常が主にはささいな行動で成り立っているように、品性や育ちのよさを醸し出す雰囲気も、煎《せん》じ詰めれば、小さな行動や心づかいの積み重ねなのだ。

「神は細部に宿る」と言うとやや大げさかもしれないが、私はぜひ、日々の暮らしの細部にも、自分の品性を育む視線や感度を注いでほしいと願っている。

各項目にはチェック欄「○」を入れてある。読みながら、日頃の自分の言動を思い浮かべ、まあ、合格点だと思えたら、うすい「○」を「○」にする。そして、普段から品があり、育ちがいい人という印象を与えるような言動に気を配りながら暮らし、さらに二度、三度と繰り返すうちに、しだいに「○」が増えていき、最終的にはすべての項目に「○」がつくようになることを目標に読んでいただけることを意識した作りになっている。

「育ちのよさ」は生まれた家や親によるものではない。自分自身の気づかい、努力によって身につけていく「人生で最高の〝宝〟」だと言ってよい。

本書をいつも身近に置いて、ぜひ、「育ちのよさ」を感じさせる、品性豊かで凛《りん》とした人を目指していただきたい。

菅原　圭

育ちのいい人が身につけているちょっとした習慣／もくじ

1章 育ちのよさがにじみ出る「立ち振る舞い」

例えば、脱いだ靴はきちんとそろえる

2章 無意識の「しぐさ・クセ」には人品があらわれる

例えば、手を拭きながらトイレから出ない

3章 清々しささえ感じられる「お金」の使い方

例えば、小さな借金を気軽にしない

4章
誰と同席しても気後れしない品のいい「食べ方」

例えば、食べた後の器をきれいにしておく

5章 「身だしなみ」一つで好印象を漂わせるには

例えば、靴底はすり減る前に交換する

6章——例えば、不機嫌をそのまま顔に出さない

いつ会っても感じがいい人の「心がけ」

7章

「表情や雰囲気」でゆかしさを感じさせる法

例えば、手を叩きながら大笑いしない

8章 例えば、テーブルサイズの会話ができる

「会話」じょうずは話材以外が9割

9章
近くても遠くても心地よい「お付き合い」の核心
例えば、人の噂話で盛り上がらない

カバーイラスト◉ながのまみ
本文イラスト◉本多志帆

1章

育ちのよさがにじみ出る「立ち振る舞い」

例えば、脱いだ靴はきちんとそろえる

○ 動作のたびに大きな音を立てない

落ち着きがなく、雑駁《ざつぱく》な人を「がさつな人」という。「がさつ」はガサガサと音を立てることが語源。セカセカ落ち着きのない動きやガサガサ、ドタドタと必要以上に音を立てることは品位を下げるので、最も気をつけなければならないとされているのだ。

育ちのよさを感じさせる動作の基本は「ゆったり」「静かに」であることを肝《きも》に銘《めい》じよう。

同じお辞儀をするのでも、こころもちゆっくりめに頭を上げるようにする。お辞儀にかぎらず、どんな動作もゆっくり行なうように心がけ、特に後半をさらにゆっくりめにするよう心がけると、それだけでエレガントな印象になるから不思議なものである。

第一、バタバタ、セカセカと行動すると品がないだけでなく、忘れ物をしやすかったり物を落としたりするなど、ろくな結果にならない。

脱いだ靴をきちんとそろえている

訪問先で脱いだ靴をそろえる人は少なくないだろうが、たとえば試着室を使うとき、自宅に帰りついたときもそうしているだろうか。

小さな頃に必ず教わるものだが、これが意外とできていない人が多い。

「脚《きゃっ》下《か》照《しょう》顧《こ》」という禅の言葉がある。まず、自分の足元、自分の本性をよく見つめよ、という意味だが、そこから、寺では履物《はきもの》の脱ぎはきの作法をうるさく教えるのである。

座っていたイスは、きちんと元の位置に戻す

訪問先では言うまでもなく、飲食店や買い物をするときに店先でちょっと腰かけるなど、外出先でイスを使う機会はあんがい多い。

用件が終わって立ち上がったとき、イスの位置を元のように戻すことは一見ささいな行為だが、こうした小さなことにこそ行き届いた配慮が隠れている。

このときも、ガタガタ大きな音を立てないようにし、イスを戻す動作もできるだけ控えめに行なうようにすると、いっそうエレガントだ。

ゴミをさりげなく拾える

あるマンションのエレベーターの中でのこと。1人の女性がすっと身をかがめて

床に落ちていたものを拾い、小声で「家で捨てますから」と言った。小さな紙片が落ちていたのだ。そのまま無視したところで、誰も何も言わないだろうに。

ふと横顔を見ると、控えめな装いの、静かで穏やかな中にも、毅然《きぜん》としたものを含んだ、いかにも育ちのよさを感じさせる表情の持ち主だった。

自分が出したゴミは自分で持ち帰る。これは基本中の基本。プラス、落ちているゴミに気付いたら、さりげなく、すっと拾って処理できる。

そんな心づかいに、人としての格、クオリティがにじみ出るものだ。

観劇やコンサート中にやたらと姿勢を変えない

映画館や劇場で、上演中にガサゴソ音を立てるのは論外。座り直したり、足を組み替えたりする人もあんがい多い。

長時間同じ姿勢を保つのはつらいこともあるので、時にはやむを得ないだろう。だが、あまりにしょっちゅう姿勢を変えるのは、隣席の人への配慮に欠けた行為。品性を疑われても仕方がない。

◯ イスの背にべったりもたれて座らない

イスの背、特にレストランなどの座席と直角に近いイスの背は、もともともたれるように作られてはいない。背もたれには軽く背が触れる程度の深さに座り、背筋をまっすぐ、首もスーッと伸ばし、両肩をこころもち後ろに引くようにすると、自然におなかも引っ込む。

こうした引き締まった姿勢は自分の気持ちまで清々しく、キリッと整えてくれるものだ。端正な姿勢は、他人に対してはもちろん、自分自身への敬いの気持ちも含まれているのである。

◯ ながら動作をしない

電話で話しながら、電話の内容に関係のない書類に目をやる。お茶を飲みながらパソコンの画面に見入る。グラスを持ちながら何かをつまもうとする……。こうした〝ながら動作〟は余裕のない印象を見る者に与え、品性をおとしめることになりがちだ。

けっして欲張らない。育ちのよさはそうした心に根差すものなのだ。動作は一度に一動作が其本だと心得よう。一つ一つの行動に専念してこなしていくほうが、ていねいな印象でありながら、かえって効率がよく、失敗も少ないものだ。

人とぶつかったり、進路を妨《さまた》げたりしない ◯

先を急ぐからといって、人にぶつかるのもかまわず、前の人を追い越していく人。斜めに肩にかけたバッグが体から大きくはみ出していて、後ろから来る人の邪魔になっている。最近はそういう人をよく見かける。

多くの人が行き交う場では、お互いにぶつからない、邪魔をしない行動半径があるものだ。それを犯していないかどうかを自分で感じ取るセンサーを身につけている人からは、高潔さが感じられる。

どうしても先を急ぎ、前を行く人を追い越したいときは、「失礼します」と小さく声をかけることを忘れないこと。

アンケートなどの住所・氏名をていねいに書く

「もちろん、内容はどれも大事に扱いますが、中でも住所・氏名などがていねいに書いてあると、書いた方の人柄を連想してしまいますね」

アンケートの集計や分析を任されている人が、こう語っていた。

住所と名前くらいなら、雑に書こうとていねいに書こうと、かかる時間はそうは変わらない。それなのに、アンケートなどはつい雑に書いてしまう。特に、景品なしのアンケートだと、書いたところでトクするわけじゃなし、と雑に書き流す。

このような精神は、育ちのよさとは対極のものだと見なされる。

差し出し人欄の「お」「ご」を棒線で消している

アンケート用紙や宅配便の伝票などで記入する用紙には、差出人欄にも「お名前」「ご住所」などの敬語表現が使われている。この「お」や「ご」を2本の棒線で消してあると、細部まで行き届いた気配りができる人だと感じられる。

カバンやバッグをテーブルの上に置かない

カバンや大ぶりのハンドバッグは本来、床に置くもの。テーブルやデスクに置くのは、オーバーに言えば「靴をテーブルに置く」感覚になることを知っておきたい。レストランやパーティ席などでは、カバンや大ぶりのハンドバッグはクロークに預けるようにすること。女性は貴重品を入れる小さなバッグを別に持参するか、あらかじめ、小ぶりのバッグを持っていく気配りができると品よく見える。

◯ 食卓でスマホを出さない

レストランなどで食事中、料理が運ばれてくると、まずはスマホを取り出し、カシャカシャ。ラインで送ったり、ブログや「Facebook」にアップしたりするのだろう。

だが、ちょっと考えてみてほしい。料理人は、これがいちばんおいしいという温度やソースのからみ加減を見ながら、ベストタイミングで出してくれたのだ。スマホでの写真撮影は、その心を無下《むげ》にする行為で、料理人に対して失礼だということに気づいてほしい。

人の誠意や真心に感謝するどころか、そうした気持ちを汲《く》み取れないことほど、残念な行為はない。

その時々で、今、いちばん大事にしなければならないのは何かを見分けられるかどうか。育ちのよさは、こういうところに出るものだ。

イベントや観光先で写真ばかり撮らない

場所取りまでして大勢で花見に繰り出した……のに写真ばかり撮っていたりしないだろうか？　人によっては自撮り棒まで持参して、写真を撮るのに夢中になっている。すぐ隣のグループが迷惑そうな顔をしていてもお構いなし、だ。

これでは、桜を愛《め》でに来たのかどうかさえあやしく、きっとネットに投稿して、「友達と楽しく花見をしている自分」を自慢したいだけなのだろう、と勘繰られても仕方ない。

こうした、本来の目的をはき違え、しかも、つまらない自慢をすることくらい恥ずかしい行為はなく、周囲があなたを見る目はかなり厳しいものになるはずだ。

旅行についても同じこと。せっかくの名刹《めいさつ》や名所なのにチラッと見るだけで、あとは写真撮影ばかり。それも自分か家族が必ず入り、Vサインまでしていると、育ちのよしあしを通り越して、常識を疑いたくなってくる。

当人は意外に気づかないようだが、自撮り棒まで使っての撮影は、相当に傍《はた》迷惑なことが多いものだ。

「開けたら閉める」という具合に動作は〝往復〟でする

「動作は往復でしなさい」。私の父は、子どもたちによくそう言っていた。動作は往復で、というのは「開けたら、閉める」「出したら、しまう」「使ったら、片づける」というような一連の動作を意味している。開けっぱなし、出しっぱなし、などの〝ぱなし〟は、人として大事なところがゆるんでいる証拠。だらしがない人間だと思われても仕方がないというのも、口グセだった。

だらしなさは、育ちのよさとは最も遠い印象を与えることを心に刻んでおきたい。

「イス、倒していいですか?」のひと言を忘れない

新幹線や飛行機のエコノミークラスなどで、座席をリクライニングさせるとき、後ろの人にひと言、「(イスの背もたれを) 倒してもよろしいですか?」、あるいは、

自由席で空いている席にかけるときも、隣の人に「ここ、よろしいですか？」と声をかけると、ぐっといい印象になる。

降りるときは、座席を元の位置に戻すことを忘れないように。けっして〝倒しっぱなし〟にしないことだ。これも育ちのよさを感じさせるための必須条件だろう。

ついでに言えば、映画館などの座席のひじかけは、左側が自分用だ。

○ 和室で畳のへりを踏んだり大股で歩いたりしない

訪問先などで畳敷きの部屋に通されたとき、畳のへりを踏んでいないだろうか。

畳のへりは布。それを踏むと傷みやすいという理由で戒《いまし》めたのだろう。「畳のへりを踏むのは、その家の主の顔を踏むのも同じだ」と言い伝え、へりを踏むのは最も無神経な行為とされている。

和室での歩の運び方は、畳の長辺を4~5歩で歩くくらいの目安で、ややすり足ぎみで、静かに進むとよい。手は、手のひらをももにつけて肩を引き、胸を軽く張って歩くと優雅な印象になる。ちなみに、敷居を踏むのもタブーだ。

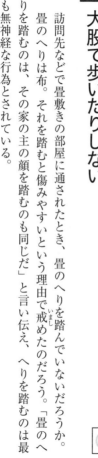

座布団を踏んだり、またいだりしない

座布団の扱い方一つにも育ちのよしあしは表れる。座るのは、もてなし側にすすめられてから。まず、座布団の端に膝《ひざ》をつき、軽く手をついて、にじり上がるように体を動かして座ると、見た目も美しい。

大広間などにびっしり座布団が敷かれていたとしても、座布団を踏んだり、またいだりしないこと。

足がしびれてきたら、無理して正座を続けるよりは「失礼します」とひと言断ってから、膝を崩し、楽な姿勢で談笑するほうが感じがよい。

床《とこ》の間《ま》に荷物を置かない

ある高級旅館で女将《おかみ》の話を聞く機会があった。テレビ取材などの成果か、若いお客も増えてきたと喜んでいたが、「床の間に旅行カバンを置くお客」が多く、ちょっと困っていると苦笑していた。

床の間は和室では、最も大事なところ。折々に合った軸を掛け、花を飾るなどして、お客をもてなす気持ちを最大限に込める場所なのだ。

本来は、和室に通されたら、まず、床の間の前に手をついて「お床を拝見」し、もてなす側の心配りを十分に堪能するのがマナーであることも心に留めておこう。そうすれば、旅行カバンを置くなどは言語道断であることを忘れないだろう。

何事も両手を使って行なう ○

コーヒーカップのように取っ手がついている茶碗は別にして、茶碗、汁椀、どんぶりなどはすべて両手で扱うと見た目が美しいだけでなく、危なげがなく、人をハラハラさせることがない。

まわりの人の気持ちを安らげることも、行き届いた心配りを感じさせる振る舞いだ。小さなものでも片手で取り上げ、片手を添えるようにしよう。

相手に物を渡すときも、片手だけで扱うのはぞんざいで、失礼になるので気をつけたい。

刃物の刃先を相手に向けない

ちょっとしたしぐさにも、心づかいが細やかかどうかは透けて見えるものだ。はさみやナイフなどの刃物を手渡すときに、刃先を相手に向けないこともその一つだ。たとえ刃先がカバーで包まれている場合でも、万一の危険を案じて、刃先は自分のほうに向けて扱うようにすると、ゆかしい人柄を印象づけることができる。

とっさのときに、こうした配慮ができるかどうか。家族など親しい間柄の人にも、普段からこうした行動を忘れないようにしたい。

うまくいかないからといって物に当たらない

イライラしたり物事がうまくいかなかったりすると、大きな音を立ててテーブルを叩いたり、パソコンのキーを力任せに叩くなど物に当たる人がいる。

こういう行動は「自分の感情にすぐ負けてしまう、弱い人間であることをわざわざみんなに伝えたいのだ」としか思えない。

自分をほどよく抑制し、コントロールできることは、育ちがいい人の基本的な条件だ。カーッときたときほど、自分をぐっと抑え、努めて物静かに行動するようにしよう。

ホワイトボードなどに乱暴な字で予定を書かない

社員の外出先や帰社時間予定を、ホワイトボードに書き込むようになっている会社は多い。

出かける前は気が急《せ》いているからだろう、かなり乱暴な字で書きなぐってあることも少なくないが、この字を社外の人が目にした場合のことを考えてみよう。乱暴に書きなぐられた文字のオンパレードでは、会社のクオリティや個人の人格を疑われることにもなりかねない。

前に書かれていた文字をきれいに消して、それからていねいに書いたところで時間は十数秒ほどしか変わらないはずだ。

ていねいに書くことで、出かける前の気持ちを安定させる効果も期待できる。

人前でも、子どもを叱《しか》るべきときには叱る

人前どころか、最近は、わが家でも子どもを叱らない親が増えているという。のびのびと個性を育てたいからだそうだが、野放図《のほうず》なのと、のびのび自由に、とは根本的に異なるはずだ。自由には責任がともなうことを自覚したい。

何より、人は社会的な動物だ。まわりの迷惑になるような行動をしてはいけないことを、たとえ子どもでも、いや、子どもの頃からその都度、ちゃんと教えさとしていかなければならない。

幼い子どもの場合は、いけないことをしたら、その場でしっかり叱ることが原則だ。人前でも叱ることができる人は、親が子に何をなすべきかをしっかりわきまえている人だといえる。

2章

無意識の「しぐさ・クセ」には人品があらわれる

例えば、手を拭きながらトイレから出ない

ところかまわず、大あくびをしない

会議中や、人と向き合って話しているときに大あくびをするような無神経な人は言語道断だ。バス停や駅のホーム、電車の中などでは、誰はばかることなく大あくびをしている人を見かけることがあるが、これもNG。生理現象なのだから許されると思っているのだろうか。

あくびは、人前では極力抑えるようにするのが基本の心づかいだが、どうしても抑えられないときは、少しうつむいて、口元に手かハンカチを当ててするか、できるだけ嚙み殺すようにする。

人前で、やたらに髪をいじらない

長い髪の毛の毛先をいじりながら話をしたり、肩にかかった髪を手で後ろに流したり。自分では特に意識しないままに、髪を触っていることはあんがい多い。

だが、傍目《はため》には不衛生に見えることを心に刻んでおこう。「毎日シャンプーしているから汚くなんかないわ」と反論するかもしれないが、あくまでも印象の問題だ。

中には、髪を手で後ろに流すのは男心をくすぐるものだと考えている人もいるかもしれない。だが、そういう気持ちは最もいやしく、育ちがいいとはとうてい言えない行為であることを自覚したい。

話をしながら唇をなめる、鼻や額《ひたい》を触るなど「顔まわりをいじるクセ」も要注意。自分では気づいていないかもしれないが、髪と同じ理由でアウトだ。

人の体に気やすく触れない

「おはよう！」と言いながら、肩をポンと叩いたり、「ねぇ」と呼びかけるときに気やすく相手に触れるクセがあったら、すぐに直すようにしよう。当人は親しさの表現の一つだと考えているのかもしれないが、社会人としてはマナー違反だ。

むしろ、人になれなれしく触れる人は、まともな常識の持ち主だとは見なされず、何より品がない。状況によってはセクハラにもなりかねない。

ハグも社会人になったら、親子、恋人など特別な間柄か、スポーツで優勝したというようなシチュエーション以外は、人前では控えるほうが賢明だろう。

鼻をかむときは、できるだけ音を立てないようにしている

○

人前で鼻をかむのは失礼だとわかっているが、風邪をひいたり、花粉症などで鼻が出るのを抑えられない。こんなときは、できれば席をはずして行なうようにすると「礼をわきまえた育ちのいい人だな」と評価される。

だが、風邪も花粉症もしばしば鼻水が垂れることがある。そんなときは「風邪をひいてしまい（花粉症なので）……」と断ると、相手の理解も得られやすい。そのうえで、きれいにたたんだハンカチやティッシュで鼻を押さえるようにするといい。

どうしても鼻をかまなければならない場合は、体を少し斜めにずらして相手の正面をはずし、ティッシュで鼻の穴を片方ずつ押さえてかむと、音を最小限にできる。

鼻汁を飲み込まない

○

まれに、鼻汁をズズッと飲み込んでしまう人がいる。人前で鼻をかむよりはいい

だろうと思うのかもしれないが、これは鼻をかむよりみっともないし、側にいる人をたまらなく不快にする。

すすった鼻汁は痰《たん》になって出てくることがあるくらいで、いかにも衛生的ではない。注意したい。

やたらと大きな音でくしゃみをしない

「出もの腫《は》れもの、ところ嫌わず」。くしゃみやおなら、ニキビや腫れものは時や所を選ばずに出てしまうものだという意味である。おならはもちろん厳禁だが、くしゃみが出そうになったら、せめて音が響かないように気をつけよう。

突然の大きな物音は他人を驚かせてしまう。そんな音を立てるのは、どう見ても育ちのいい振る舞いとはいえない。

ちなみに、外国人の前でくしゃみをし、「Bless you!」と言われた経験はないだろうか。これは、昔は、くしゃみは体から放たれる悪魔などの心霊だと考える迷信があったため。悪霊が放たれた後、恵みがありますようにという意味を込めて「Bless you!」と言うようになったものだ。

トイレを使った後、上げた便座とフタを元に戻している

〇

今や男性も「小のときも個室で、便座に座って行なう」時代らしい。

不動産検索サイト「SUUMO」が、20～50代の男性230人にアンケート調査したところ、「洋式トイレならば、小のときも座ってする」が55％と、「立ってする」の43％を超えたという（残り2％は自宅のトイレは和式だという回答など）。

しかし今も、半数近くが洋式トイレでは便座を上げて、立ってしているということでもある。

もし、あなたが〝立ってする派〟なら、使用後、便座とフタを元の位置に戻すことを忘れないように。常に後の人への心づかいを欠かさない。育ちのよしあしはこうしたところでも測られる。

「外ではきちんとやるようにしている」は危険だ。こうしたことは普段の習慣が肝心なのだ。自宅でも使用後は「元に戻す」を忘れないようにしたい。

ペーパーを使い切ったら新しいものに交換する

「後の人への心づかい」は、トイレットペーパーについても言える。セットされているトイレットペーパーを使い切った場合は、備えつけの新しいロールをホルダーにセットしておく配慮が欲しい。

次に入った人が「あ、前の人は行き届いた心づかいができる人だったんだ」と、ちょっぴりいい気持ちになる。

家ではなく駅やオフィスビルのトイレなら、次に入る人はまったく知らない人であることがほとんどだろう。

そうしたことに関係なく、いつも心づかいが行き届いている。本当に育ちのよさを感じさせるのは、こういう人だ。

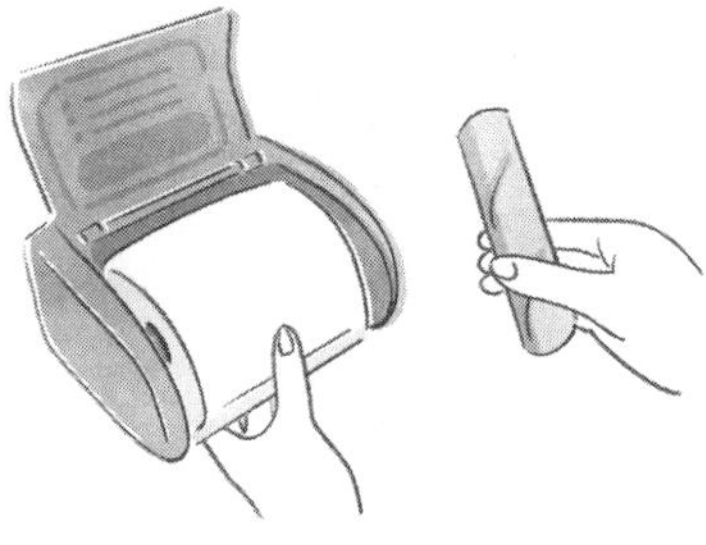

洗面台に落ちた髪の毛をきれいに拭き取っている

◯

特に髪を整えたりしなくても、洗面台を使った後によく見ると、髪の毛が何本も落ちているのに気づくはずだ。糸のように細い髪の毛だが、想像以上に目立ち、しかも生々しさがあるためか、不衛生なだけでなく、不快感を与えてしまう。そのまま知らん顔をして立ち去った人に対して嫌悪感を覚えることもあるくらいだ。

洗面台は使い終わったら必ずチェックし、髪の毛に気づいたら、ティッシュなどで残さずぬぐい取っておくようにしよう。

みんなで使うものはできるだけ汚さないように。もし汚してしまったら、きれいに後始末しておく。こうしたことが自然にできるのが、育ちがいい人といえる。

手を拭きながらトイレから出てこない

◯

ハンカチで手を拭きながら、トイレから出てくる人は意外に多い。

友達や道連れを待たせている場合などは、少しでも早く、と思うのだろう。その気持ちは買いたいが、手を洗い、きちんと拭くまでが「トイレ内で行なうべき」ことだ。そのことを忘れないように。

手を洗った後はきちんと手を拭き、ハンカチをバッグやポケットに戻す。ここまで終えてから、トイレを出る。待っている人の目にも、こうするほうがずっと気持ちよく映るはずだ。

温泉やスーパー銭湯などでいきなり湯船に入らない

家庭の風呂はともかく、温泉など多くの人が入る湯の場合は、湯船に入る前に体に湯をかけ、特に下半身は軽く洗うぐらいの気持ちで、さっと清めるのが常識だ。こうした気づかいもできないようでは、温泉に入る資格はない。

お湯を使う場合も、隣の人に湯がかからないようにしたい。

脱衣所でいつまでも素っ裸でいるのもよろしくない。少なくとも下半身は素早くタオルでカバーし、できればバスローブか浴衣《ゆかた》を羽織りたいところだ。

○ 爪を噛《か》むなどの幼稚なクセは卒業している

「無くて七癖」という言葉があるくらいで、誰にも何かしらクセはあるもの。不平・不満があると、爪を噛む、うつむいて足をもじもじ動かすなどの幼児的なクセが抜けていないのは、育ちを疑われてもしかたがない。それ以上に、精神的に十分成長していないことを暴露《ばくろ》しているようで、恥ずかしい。

○ ボールペンやメモ用紙で遊ばない

会議中や商談中に、相手の話が退屈でしようがないということはある。だが、そんなとき、無意識のうちにメモ紙の隅にボールペンでグルグル意味のない線を書いてみたり、メモ紙の端を折ったり、丸めたりしていないだろうか。

もし、その紙が、相手から渡された企画書だったりしたら、失礼極まりない。ボールペンのノックをカチャカチャと出したり、引っ込めたりするのも控えよう。自分のデスクで仕事をしているときも、ボールペンを指先でぐるぐる回すなど、事務用品で遊ぶのは子どもっぽいだけでなく、文具にも礼を欠く。普段お世話になっている物に敬意を払えるかどうか。そうした細かい部分からも、育ちのよしあしはうかがえるのだ。

◯ 足を組んで座らない

そもそも、人と向かい合って座るときに足を組んで座るのは、相当に失礼であるし、躾《しつけ》がなってないと言われてもしかたがない。男性なら、両足の間を拳《こぶし》一つ分くらい開けて座り、足はまっすぐ下ろすようにする。

女性は両足をそろえて、斜めに流して座るときれいに見える。

足をやたらに組み替えない

前項では「足を組むべきではない」と述べたが、テーブルがなく、しかしメモを取りたい場合などには、足を組んだほうがメモを取りやすいこともある。また、足を組むクセがあり、組んでいたほうが落ち着くという人もいるだろう。

そうした場合は足を組んでも大目に見てほしいところだが、途中、何度も足を組み替えるのはやめよう。相手の立場に立つとわかるが、目の前で何度も足を組み替えられると落ち着かないことこの上ない。

相手に不快な思いをさせないこと。これが品位ある行動の最低基準であることを、いつも頭に入れて振る舞いたい。

大股を開いて座らない

電車の中などで、中年のおじさんなどが大股を開いて、ドーンと座っていることがあるが、見ているこちらまで恥ずかしくなってしまう。

疲れているときなど、ゆったり座りたい気持ちはわからないではないが、電車内はあくまでも公的な空間であることを忘れないこと。

腰かけ方が浅く、それなのに背もたれにもたれようとすると背中が斜めになり、足を投げ出す感じになる。これもだらしない印象になり、股を大きく開く座り方になりやすいので気をつけたい。

電車など公的な場で靴を脱がない ◯

ヒールの高い靴をはいているときなど、電車で座れるとつい靴を脱いで、窮屈《きゅうくつ》に押し込められていた足を楽にしたくなる気持ちはわからなくはない。でも、公的な場所で靴を脱ぐことほど、下品なことはないことを知っておきたい。

公衆の面前で下着になるかどうかを考えてみれば、その恥ずかしさに気がつくはずだ。新幹線や長距離列車内で、おばあちゃんなどが履物を脱いで、座席にちょこんと正座しているのはまあご愛敬《あいきょう》だが、一般的には控えるべきだ。

長距離移動で、靴では疲れるというなら、あらかじめ室内履きや使い捨てのスリッパなどを持参するようにしよう。

人前を通るときに手刀を切らない

○

「そんなおかしなこと、するわけがないよ」と言い切れる人は、そう多くないのではは？　人前を横切るときに「ちょっと失礼！」などと言いながら、こころもち腰をかがめ、手を縦に上下させ、手刀を切るような感じで通り抜ける人をちょくちょく見かけるからだ。

本人は「失礼！」というしぐさのつもりなのかもしれないが、この手刀、じつは意味不明な行動。傍で見ていると滑稽《こっけい》なだけだ。

人前を横切らなければならないときは、手前でいったん足を止め、軽く会釈《えしゃく》をし「失礼します」と言ってから通り抜けると、スマートで上品な印象になる。

人や方向を示すとき、手のひらをそろえて上向きにしている

○

人さし指という呼称もあるのに妙な印象もあるが、人や物を指し示すとき、指で

指し示すのは失礼。絶対に避けたいしぐさの一つだと心得ておきたい。

「こちらが○○さんです」と、人を指し示しながら紹介するような場合は、手のひらを上に向けて示すと印象がよくなる。「こちらへどうぞ」とか「この建物が創業当時からのものです」などと方向や物を示すときも同様だ。

このとき、指先までぴんと伸ばし、きれいにそろえて示すと美しい。

落とした物を拾うときなど立った姿勢のまま拾わない

◯

書類を会議室まで届けに行く途中で、うっかり床に落としてしまった。

そんなとき、立ったまま拾おうとすると、お尻を突き出した姿勢になってしまってなんとも不格好だ。スカート丈によっては、下着が見えてしまう可能性もあるだろう。

こうした場合は、落とした物の側《そば》に立ち、落とした物から遠いほうの足をやや前に出した姿勢で、背筋を伸ばしたまま、腰を落として拾う。その後、しゃがんだときと逆の動きでまっすぐ立ち上がると美しい動作になる。

飛行機でトイレに行くときは通路側の人にひと声かけてから

〇

飛行機のエコノミー席は、長身の人なら脚をもてあましてしまうくらい狭い。トイレに立ちたくなったときなど、座った席が窓際の席だったり、両側に何人もの人が座る中央の席だったりした場合、あなたはどうするだろうか。

いきなりゴソゴソと動き出したり、立ち上がったりするのはいささか乱暴で感じのいい振る舞いとはいえない。こんな場合には、立ち上がる前に、隣席に「ちょっと失礼します」と小声で声をかける。すると、「あ、トイレですか?」と察してくれる。反対に声をかけられたほうなら、さっと応じる。

狭い機内では、こうした譲り合いが大切であることを心得たい。

通路側の席の人はあらかじめ、隣の人に「お出になるときは、いつでも声をかけてくださいね」とひと言っておくと、いっそうスマートだ。

隣の人がぐっすり寝入っているときは、ボタン操作で客室乗務員を呼んで起こしてもらうのが聡明な対処法ではないだろうか。

劇場など、イスにかけている人の前を通るときはお尻を向けずに通る

◯

劇場などで横に並んだ列の中ほどの席だと、休憩時間の出入り時などに、イスにかけている人の前を通って出入りすることがある。

この場合、舞台側を向いて通れば、座っている人にお尻を向けることになり、反対だと座っている人と胸を合わせる形になる。どっちを向けばいいか、多くの人が悩むところだろうが、やはり人にお尻を向けて通るのは印象がよくないと考えたほうがよいだろう。

通る人は「恐れ入ります」などと声をかけ、座っている人は、端近ならば立ち上がり、通路に出て移動しやすくする。そうでない場合は、できるだけ体を後ろに引いて、相手が通りやすいようにはからう心づかいが欲しい。

こうした、譲り、譲られ……の光景は美しくエレガントで、いかにも舞台鑑賞の席にふさわしい。

映画館で上映中に、ガサゴソ音を立てない

映画を見ているとき、せっかくのいいシーンなのに、後ろの席からガサゴソと無《ぶ》粋《すい》な音が聞こえてきてがっくりした、という経験がある人は少なくないはずだ。意外なほど大きく響くのが、スナック菓子などが入っている袋の音。上映中に開けようとしたり、手を突っ込んで食べたりするのは絶対にやめたい。

カップルで鑑賞している場合など、そこに2人のひそひそ話がオーバーラップしたりする。どんなに愛し合っていても、映画館や劇場は公の場。まず、まわりの迷惑にならないだろうかと考え、会話などは控える。そんな恋人たちは、まわりからも温かな視線で見られるはずだ。

美術館で、他人の鑑賞の邪魔をしない

日本にいながら、海外の有名美術作品を鑑賞できる機会が増えている。こうした機会に名作を鑑賞し、感性を磨いていくことは人生の大きな歓《よろこ》びの一つだ。

だが、多くの人が美術展に足を運ぶようになった結果、中には〝残念な〟鑑賞態度の人も増えているのが現実だ。節度を守った姿勢で鑑賞しなければ、何よりも、作品に対して礼を欠くことを意識してほしい。

まず、順路に従い、混雑度に応じて、人の流れに合わせて進むこと。好きな作品の前でしばらくたたずみたい気持ちはわかるが、全体の流れを妨《さまた》げるような行動は慎むこと。会場に掲げられた説明文にも、しっかり目を通す姿勢も欲しい。

言うまでもないが、鑑賞中は同行の人との会話もＮＧだ。

大きなリュックは、人混みでは〝胸の前〟に

手に重い荷物を持つことは文字どおり〝重荷〟に感じる。そんな人が増えてきたのか、リュックを背負っている人をよく見かける。

背中から大きく飛び出さない程度なら普通に背負えばいい。だが、大きなリュックだったり、大きくふくらんでしまった場合にはリュックの向きを変え、体の前に持ってくる形で持つようにすると、心づかいができる人だと好印象になる。混み合う場所ではマストと考えよう。

キャスター付きのキャリーバッグは体の横に引き寄せて持つ

○

最近は駅や空港以外の場所でも、キャスター付きのスーツケースやキャリーバッグを引いている人をよく見かけるようになった。

しかも、後ろ手に持ってキャリーバッグを引いて歩いている人も少なくない。すると、バッグは視界には入らないため、人とぶつかりやすくなったり、人の進路を妨げたりすることが多い。

こうした傍《はた》迷惑で自己中心的な行為ほど、品性を疑わせるものはない。スーツケースやキャリーバッグはできるだけ自分の体の横に引き寄せ、引っ張るのではなく、歩くペースに合わせて転がして使うようにしよう。

車輪付きのショッピングカートを使っての買い物も、混雑が予想される夕方などは避けて使う気づかいも欲しい。実際、混雑する店内で、カートの金具で足を怪我したり、カートに足を取られて転倒したりする事故も起きている。

駅前や商店街など、駐輪禁止の場所に自転車を止めない

「浜の真砂《まさご》は尽きるとも……」ではないけれど、駐輪禁止とデカデカと書いてあっても、必ず、誰かが自転車を止めている。禁止だと知っていても、素知らぬ顔で自転車を止める人は尽きないものだ。

「ちょっと買い物をしてくる間だけ」とか「1台ぐらい、いいだろう」という考えからなのだろうか。しかし、不法駐輪が1台あると、あっという間に2台、3台と増えていき、車の往来や人の行き来の妨げになってしまう。

このように、公共の決まり事を守れないのは、人としての誠意に欠ける最たる行為の一つといえる。

駅前などには駐輪禁止を犯す人を見張るために、かなりの人数のスタッフが配置されているところも多い。その人件費はわれわれの税金から支払われているのだ。せっかく税金を払うなら、もっと有意義なことに使ってほしいと思わないか。

自転車を出すときに他の自転車を倒してしまったら元に戻す

○

ショッピングセンターや図書館などの駐輪場で、自分の自転車を取り出すとき、他の自転車を倒してしまった。狭いところでぎっしり止めているためだろう、ドミノ倒しのように何台も倒れてしまったときなどは、途方に暮れそうになることもある。

誰も見ていないからと、倒れた自転車には知らん顔で逃げるように自転車をこぎ出して行ってしまう人も珍しくないようだ。だが、どんなに急いでいても、自分が起こしたトラブルには責任をもって対処すべきだ。

他の人に迷惑をかけておいて、知らん顔をしない。これは人として守るべき、最低のラインだと言えな

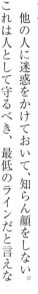

いだろうか。それすらも守れない人に、育ちだの人格だのという言葉は使えない。

ドミノ倒しになったのを見ていたら、自分のせいでなくても、倒れた自転車を起こすのを手伝う。そういう人には、他の人の心を洗うような清々《すがすが》しい人柄が感じられる。

○ スーパーのかごを使ったら所定の場所に重ねる

スーパーなどで支払いをすませ、かごからショッピング袋に移した後、かごを荷さばき台に置きっぱなしにして、さっさと帰っていく人がいる。かごを片付けるのはスーパーの店員の仕事だと思い込んでいるのだろう。

だが、1人1人が、自分が使ったかごを所定の場所に重ねていけば、そんな人手は不要になる。荷さばき台の上がいつもすっきりしていれば、後の人も使いやすく、何より気持ちがいい。

こうした、ほんのひと手間を惜しまない人はいかにもさわやかで、気持ちのいい雰囲気をたたえているものだ。

一度かごに入れた商品を違う売り場に放置しない

〇

そんな人がいるのかと驚く向きもあるだろうが、じつは、想像以上に多いものだ。鮮魚売り場にハムなどの加工肉が放り込んであったり、乳製品売り場にパックの卵が置きっぱなしになっていたり……。そこに「あるはずのないもの」を見ることも少なくない。

買い物をしているうちに気が変わることもあるだろう。あわただしく買い物をしているときは、元の場所に戻すのが面倒だという気持ちもわからないではない。

だが、常温のほうがいい物、冷蔵のほうがいい物など、店側は商品に合わせた温度管理などをし、それぞれ適正な場所に置いていることに気づきたい。冷凍食品を常温のケースに置いていかれたりすれば、品物の品質が損なわれ、商品価値を失ってしまうこともある。客には客としての〝責任ある行動〟が求められることに気づきたい。

何よりも、自分が取り出した物が不要になったら、元の場所に戻すのは当たり前だという意識を失いたくない。これは育ちのよさ以前の問題だ。

図書館で、雑誌や新聞のバックナンバーを独り占めしない

定年後、会社に代わって、図書館に通う人が増えている。図書館で長時間過ごす人によく見られるのが、新聞の束《たば》を数冊分、あるいは週刊誌を何冊も手元に確保してしまう姿だ。

図書館はみんなが利用するところ。新聞も週刊誌も1人が数紙、数誌を確保してしまうと、読みたい新聞や雑誌を手にできない人が出てきてしまう。最近は、館内にも「1人1紙（誌）で」と掲示されていることが多いが、おかまいなしだ。

短時間で調べものをする必要があるときなど、いけないとわかっていても独占したくなることもあるだろう。

だが、こうした場で「自分さえよければいい」と言わんばかりの行動は「私は品位を保とうなんて思っていない人間ですよ。育ちが悪いと思われても平気ですよ」と広言しているようなものだと、自覚しよう。

封筒や包装紙をていねいに開けている

○

封筒を指でビリビリと破って開ける。包装紙を端からはがすように取り去るのではなく、いきなり破って開ける様子は、いかにも粗暴で品がない。どうせ捨てるのだからいいだろう、と思うのかもしれないが。

封筒はハサミを使って封を切る。包装紙は端のテープをはがして順々にていねいに開いていき、最後は軽く折りたたんでから整理するなり、捨てるなりしよう。

3章

清々しささえ感じられる「お金」の使い方

例えば、小さな借金を気軽にしない

○ 必要なところにはお金を使うが、基本的には質素に生活している

育ちのよさがにじむ、品のよい暮らしとは「思いは高く、暮らしは低く」という言葉に象徴されている。

この言葉は、19世紀イギリスの桂冠《けいかん》詩人ワーズワースの「Plain living, high thinking」を訳したもの。「Plain」（単純な、シンプルな）を「低く」と訳したのは、明治〜昭和時代に日本のキリスト教教育を牽引した内村鑑三《うちむらかんぞう》だ。

高潔で育ちがいい人は、どんなにお金があっても、人前で札びらを切るようなことはしないし、暮らしぶりは簡素に徹している。華美や奢侈《しゃし》を嫌い、必要以上の贅沢《ぜいたく》は、むしろ戒《いまし》めなければいけないと自制している。

必要十分であれば心から満足できる。そんな品格がにじむ暮らし方を身につけたいものだ。

身の丈《たけ》をわきまえたお金の使い方ができる

ルイ・ヴィトンのバッグはなぜ、あんなに重いのか。最近はかなり軽量化したものも出しているが、本筋の旅行カバンは、カバン本体だけでもずっしりと重い。

重量は二の次で、船旅などの長旅に耐えるクオリティを追求していったためらしいが、なぜ、重量は二の次でよかったか。カバンを持つのは従者の役目だったからだ。つまり、ルイ・ヴィトンのバッグはもともと、カバンを自分で持ち歩くような階級の人向けのものではなかったということだ。

もちろん、最近では、手が届きやすいラインも売り出しているので、このかぎりではないが。

一点豪華主義という言葉もある。しかし、やはり全体的にバランスが整った身支度や振る舞いのほうが、育ちのよさを感じさせる。

もちろん、時には贅沢も奮発もいいけれど、せいぜい背伸びすれば手が届く範囲に収める〝ほどのよさ〟をわきまえていたい。

ところかまわず値切らない

お金はなくてはならないものだが、欲得と関わり合いが深いだけに、お金の扱い方や使い方には、隠しようもなくその人の育ちのよしあしが表れる。

お金にこだわりすぎるのは、最も品のない印象を与えるから注意したい。たとえば支払いのとき、正規の価格なのに「この端数《はすう》、まけてよ」などと値切ったりすることもその一つだ。

フリーマーケットなど、値切ることが許されている場ならともかく、どんなお店に行っても値切ろうとするのは、けっして好印象にはつながらない。

時には素直におごってもらう

「今日は私にご馳走させてほしい」と言われても、おごってもらうのはイヤだという人がいる。特に、相手が、付き合っているわけでもない男性だとすると、絶対におごってもらいたくないらしく「いえ、結構です」とかたくなに言い張ったりする。

しかし、傍《はた》から見ていても、こういう論争は見苦しいだけ。男性には、時には格好をつけたい気持ちになることもあると察して「それでは今日はお言葉に甘えさせていただきますね。ご馳走さまでした」と言うほうが、かえって好印象だ。

「おごってもらうのが当たり前」という態度をとらない

○

反対に、たとえば、男性と一緒ならば、いつでも男性が支払うのが当たり前だという顔をしている人も要反省だ。普段から男女は同等であるべきだなどと口にしていながら、こういうときだけ〝男の役割〟を持ち出すのはずるい。

付き合っている彼となら、彼にばかり負担させることがないよう、気を使うのが愛情だろう。割り勘にしてもいいし、あらかじめ適当な金額を渡しておいて、「お支払い、お願いね」というのもスマートだ。

男性にも都合がある。今月は余裕がなさそうだと察したら、ウソでもいいから「私、臨時収入があったの。だから、今日は私におごらせて」などと言って、相手の顔をつぶさないようにする。こんな支払い方こそ、配慮が行き届いたサポートだ。

◯ レストランなどでの支払いをスマートにできる

高級なレストランの多くは、テーブル席で支払うシステムになっていることが多い。食事が終わり、十分、談笑も楽しんだ頃合いを見て、フロア担当に軽く手を挙げれば「支払いを」というサインになる。

レジで支払う場合は、他の人に「支払いを済ませるので」とひと言断って、支払いをするか、みんなが談笑している間に、トイレに行くふりなどでレジに行き、先に支払いをすませておくとスマートだ。

ご馳走になる側は、相手が支払いをすませる間、レジからちょっと離れたところで待つのが、マナーにもかなった振る舞いとされている。

◯ 大騒ぎせずに割り勘できる

レストランなどで「合計〇〇〇〇円だから、えーと、1人当たり……」などと大きな声を出して計算し、「私、1万円札しかないいんだけど、誰か細かいのあるかしら」

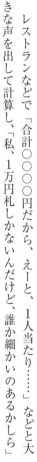

などという声が聞こえてくる。他のお客からしてみれば、いい迷惑だ。

割り勘をスマートにできれば、人としては相当にクオリティが高いといっても過言ではない。いちばんスマートなのは、代表者がまとめて支払い、店を出て少し行ったあたりで精算する方法。あらかじめ、代表者を決めておくと、よりスマートに支払える。

支払い時に他人の財布の中をチラ見しない

◯

お金に関した行動で、最もはしたなく、育ちを疑われても仕方がないのは他人の懐《ふところ》具合を探ることだ。

割り勘をするときなどに他人の財布の中をチラ見。それだけでも恥ずべき行為なのに「わあ、すごい！　フクザワ先生が行列している（1万円札が何枚も入っている）」などと大声を出したり、「あら、少ししか入っていないじゃない」などと財布の中身についてあれこれ述べたりすることは厳《げん》に慎みたい。

カード支払いのときも、「ゴールドカードなの？　意外にリッチ！」などとカードの品定めをすることも褒《ほ》められた行ないではない。

ショッピングのとき、まず値段から見ない

お店で、ちょっと目に留まったものがあると、「これ、いくらなのだろう?」と、何より先に値札を引っくり返す人がいる。値段がわからなければ「買う・買わない」を検討できないという気持ちはわかる。でも、まず、品物をよく見て、本当に気に入ったならば、値段を見る、または尋ねるようにしたい。

また、値札を見るときは言葉少なく、静かに見よう。友達と一緒だと、つい「これ、いくらなの?」「○○円ですって」「へー、意外に高いのね」「その値段には見えないわよ」などと大きな声で価格を話題にすることがある。

たとえ、他にお客がいない場合でも、こうした態度は感じが悪い。おばさんが嫌われるのは、このような振る舞いが目立つからだ。

財布にいくら入っているかを把握している

レジ前まで行って、「あれ、おかしいなあ。たしか、もう少し入っていたはずな

んだけど……」などと言いながら、財布を隅々まで点検、ひどい場合は財布を引っくり返している人を見かけることがある。

友達と飲んだり食べたりした席でこれをやられると、「割り勘にも足りない程度の所持金で参加するなんて」と、相手をちょっと疑いたくなってしまう。

外出前には財布にいくら入っているかを確認し、所持金を把握。その範囲内で行動するようにすると、出先で恥をかくことがなくなる。

江戸時代の旅人は、いざというときに必要ないくばくかのお金を、衣服などに縫《ぬ》い込んでおいたもの。こうしたお金を「肌付け」と言った。

ＡＴＭで24時間お金をおろせる時代だが、「肌付け」的なお金を持っていると出先で予定以外の出費があった場合にも、慌てず、落ち着いて対応できる。

札入れは「見えないところ」にしまう

若い男性などに、ズボンのお尻のポケットから札入れが大きくはみ出した人を見かけることがある。上着を着ない、カバンを持たない主義の人だと、札入れを入れるところがないのだろうが、これは、お金を雑に扱っている証拠。

何よりも「どうぞ、取ってください」と言わんばかりで、犯罪を誘っていると見えなくもない。財布はジャケットの内ポケットが定位置だ。

ジャケットを着ないなら、ポケットに収まる大きさのサイフを選ぶといい。

買い物を計画的にしている

クローゼットを見ると、衝動買いグセがある人かどうかは一目でわかる。そんな人のクローゼットは、色の好みやデザイン性が一貫していないからだ。

バラエティに富んでいるといえば聞こえがいいが、要は全体からその人のテイストが感じられない。これでは、手持ちの服を自在に組み合わせて多様な着こなしを楽しむことはできないだろう。

「この春はグレイのスーツを買おう」「秋には冠婚葬祭にも着られる、シンプルなワンピースを買おう」などと半年～1年単位で買い物計画を立て、日頃はその計画を進めるためにウインドーショッピングで目を肥やす。

育ちのよさを感じさせる聡明《そうめい》な人は、こんな買い物の仕方をしていることが多い。

「お買い得」でも、自身のテイストに合わないものは買わない

100円ショップでほとんどのものが揃えられるからといって、家の中にあるものがどれも「100均」のものでは、生活を愛しているとはいえない。

洋服なども「バーゲンだったから」「お買い得だと聞いたから」と次々に買っていると、全体的に統一感がなく、箪笥《たんす》の肥やしが増えるだけだ。

お金に不自由がない人も要注意。高価なものでも好きなように買えるからといって、目に留まったものを手あたりしだい買えば、趣味趣向が1本通っていない、つまり自分自身をしっかり持っていないことがバレバレだ。

「安かろう悪かろう」の買い物はしない

「安物買いの銭失《ぜに》い」という言葉がある。長年、買い物をしているうちに、これは「真実だ」と実感している人も少なくないのではないだろうか。

お店は「仕入れ値に利益をのせて売り、差額を利益として」成り立っている。はっきり言えば、安く売っているものは安く仕入れてきたものだ。定価の3割引、5割引で売っているものは、それまで仕入れ値に3割以上、5割以上の利益をのせた「定価」をつけていたということ。

つまり、「安かろう悪かろう」は、理にかなっている場合がほとんどなのだ。

また、「安い」からと飛びつくと、じつは特に必要ではないものまで買っていることも多い。本当に必要なもの、品質に納得がいったものだけを買う習慣を身につけるほうがずっと賢いし、品がいい。これは、お金があり余っている人にも言えることだ。

小さな借金を軽い気持ちでしない

「ごめん。今日はたまたま持ち合わせがないの。○○円でいいから、ちょっと貸してもらえる?」とか、「細かいのがないので、ちょっと立て替えておいて」と、小さな借金を気軽にする人がいる。

こういう借金は、借りたほうは忘れがちだが、貸したほうはしっかり覚えているもので、そのギャップから、しまいには人間関係のしこりに発展することも少なくない。

小さな借金ほど、借りたほうがしっかり覚えておき、次に会ったときにきちんと返すようにしよう。忘れやすい人は、手帳などにちゃんとメモをして「返し忘れ」がないよう気をつけたい。

貸したほうも、気になっているくらいなら「この前、立て替えた1000円、返してね」と率直に言って返してもらおう。そのほうがすっきりするはずだ。

トラブルにつながりかねない、こうしたことをスマートに処理できる人は、生き方、人間関係に対する姿勢が聡明で、育ちのよさを感じさせる。

安易にローンを組まない

いいな、と思うものが目につくと次々買ってしまう。当然、買い物はカードで、それも「分割でお願いします」ということが増えてくる。

必要度の高い住宅ローン、車のローンなどは仕方ないが、スーツやカバンなど普段使いのものまで「分割払い」で買うのはできるだけ控えたい。分割払い＝ローンは借金と同じなのだと自覚しよう。

借金がたくさんあることは、けっして自慢にならない。育ちのいい人、知性のある人はこういう行動はしないはずだ。

やたらとポイントカードを作らない

ポイントカードで財布がパンパンだ、という人も多いだろう。これは、勧められるままに、ポイントカードを作った結果。整理してみると、その後はほとんど利用しない店のカードも少なくない。

「100円で1点つくのに、作らないのはもったいない」と考えるからだろうが、しょっちゅう利用するわけではない店のカードは利用期間内に点数がたまらないことが多く、結局は捨てることになるのがオチ。「今後も、よく利用するだろう」という店のカードだけに絞り込む節度も大事にしたい。

レジでお金を放り出すように渡さない

レジにはたいてい、お金を入れるトレイが置いてある。育ちのいい人はここに、お札をそろえて入れ、その上にコインをのせるなど、見ていてもきれいなしぐさでお金を支払う。トレイがない場合は、会計スタッフにきちんと手渡すようにする。カードの場合も、基本的には同じようにするとよい。

ズボンのポケットやハンドバッグから、クシャクシャになったお札を取り出し、レジ台にお金を放り出すようにして、支払っていないだろうか。

お金なんかにこだわっているわけじゃないよ、と鷹揚《おうよう》なところを見せたいのかもしれないが、お金を雑に扱う人という印象が残るだけ。受け取る側は〝投げ銭〟を拾わされているように感じ、けっしていい気持ちはしない。

お釣りが多いと気づいたら正直に申し出る

買い物をして会計するときのこと。稀《まれ》に、間違ってお釣りを多く渡されることがある。そんなとき、「間違っていますよ」と申し出て正しいお釣りをもらう人と、間違えたほうが悪いとばかりに開き直ってそのまま財布にしまう人とに分かれるものだ。

たとえば、子どもが後者の振る舞いをして、あとで「やった、儲けた!」と言ってきたとしたら、あなたは「よくやった」と褒《ほ》められるだろうか?

本当に「気づかなかった」のなら、仕方がない。しかし、気づいていたけれど申告しなかったのなら、その行ないは恥ずべきものだと自覚しよう。

自分の番が来てから財布を開かない

普段乗らないバスに乗ったときや美術館などの窓口で、料金をコインで払う。それはいいのだが、自分の番が回ってきたときになって、やおら財布を出してコインを一つ、また一つと出す人がいる。そして、その後ろには、何人かの人が苛立《いらだ》ちを抑えながら、じっと待っている……。

もう、耳にタコができるくらい繰り返してきたことだが、このように、まわりの人に迷惑をかけても平気だという振る舞いはしたくない。

そろそろ自分の番かなと思ったら、あらかじめ金額を用意しておこう。

財布の中がいつも整理されている

財布がパンパンにふくらんでいて、肝心のお金がなかなか出てこない。レシートやポイントカードなどで財布の中が、ごちゃ混ぜ状態なのだ。ちょうどのお金を数えるのが面倒くさいと、どこでもお札を出し、お釣りをもらう人もいるが、これも財布がメタボ化する原因の一つである。

お金は、人生において重要度の高いものの一つである。といって、お金にこだわりすぎるのは品性を大きく欠くし、逆にお金をぞんざいに扱いすぎるのもみっともない。ほどほどにお金を大事に扱う。そんなバランス感覚を大事にしたい。

クレジットカードやキャッシュレス決済は金額を確かめてから

カードやスマホを示し、サイン、あるいは暗証番号を入力すれば支払い完了。この手軽さからつい買いすぎ、請求書を見て青くなった経験はないだろうか。

また、金額を確かめもせずにいい加減に決済すると、思わぬトラブルに遭うこともある。

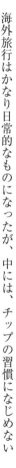

カードは魔法の支払い法ではない。決済時は金額を確かめ、納得してから、が鉄則。どんなにリッチでも、それなりの態度でお金を扱うほうが育ちのよさを感じさせる。

海外旅行先でチップをケチらない

海外旅行はかなり日常的なものになったが、中には、チップの習慣になじめない人も少なくないようだ。日本人の感覚としては、チップは「プラスα」なので、あくまでもお客の気持ちしだい。渡しても渡さなくてもいいと考えている。

しかし、海外ではほとんどの場合、サービスする側は、お客からもらうチップが主な報酬源になっている。つまり、あるサービスを受けた（受ける）ならば、チップは「渡さなければならないもの」と考えるべきなのだ。

チップの渡し方にも、それなりのマナーがある。よく、到着したばかりで小銭がないといって、お釣りを要求する人があるが、これはマナー違反だ。相手に差し出したお金は全額チップの決まり。あらかじめ、ホテルのフロントなどで、「Small change for tip（チップ用の小銭）」と言って両替しておくとよい。

また、チップは、まわりにわからないように渡すのが正しい渡し方だ。手は下腹か腰のあたりの低い位置で、コインや小さく折ったお札を相手の手のひらに軽く握らせるようにして渡すといい。

テーブルで支払うシステムのレストランでは、料理代金の10～20％程度を加えた金額で小切手やカードを切るとスマートだ。言うまでもなく、加算分はテーブル係のチップになる。

◯ 試供品など、タダでもらえるものを何度ももらわない

商店街などでシャンプーなどの試供品を配っていることがある。通りすがりに手渡されたものをもらうのは自然だが、いったん通り過ぎたのに戻ってきてもらったり、一度もらったのに、何食わぬ顔をしてもう一度手を出し、2個以上手に入れようとしたことはないだろうか。

こういう人はどんなにおしゃれをしようが、けっして上品には見えないだろう。

◯ 買う気がないのに、試食品を何回も口にしない

スーパーやデパ地下などで試食できるお店があると立ち止まり、一度ならず二度、三度と試食する人を見かけることがある。中には、試食品を刺した楊枝を何本か素早く取って、足早に通りすぎていく人さえある。

試食品は、その商品に興味を引かれ、買う気持ちは十分。念のためにひと口、味

をみるというものだ。ただで食べられるものなのだから、食べなければ損、と言わんばかりの態度はいかにもさもしく、「お里が知れる」というものだ。

ホテルのタオル類などの備品を持ち帰らない ○

世界的に、日本はきわめて「民度」が高い国だと評価されている。

たとえば、財布を落としても、拾った人が警察に届けてくれる確率が高いし、震災などの被災地でも、倒壊したスーパーなどから物を盗んでいくということもほとんど起こらなかった。じつは、外国ではあまり考えられないことなのだ。

ところが、なぜか、ホテルのタオルや灰皿、ボールペンなどを持ち帰る人は少なくない。「旅の恥はかき捨て」だと思っているのだろうか。

旅館のタオル類は「お持ち帰り」自由だが、ホテルのタオルはホテルの備え付けであることをわきまえておきたい。備え付けのものをこっそり持って帰るなんて、ジェントルマンやレディの風上《かざかみ》にもおけない。

名のあるホテルならたいてい、ホテル仕様のタオルを販売している。持ち帰りたいほど欲しいならば、お金を出してちゃんと買うこと。

会社の備品を私用に使わない

「ちょっとメモするから待って」。こう言って取り出したボールペンやメモ用紙が、勤務先のものだった。それが理由で、付き合っていた彼と別れてしまった知人がいるが、私はこの女性の価値観を大いに評価したいと思う。

会社の備品は毎日何げなく使っているだけに「自由に使っていいもの」と錯覚《さっかく》しがちだが、あくまでも、「仕事に使う」という前提条件で「自由に使ってよいもの」だ。私用の物を自分で買っても、それほど大きな出費にはならないはず。

そんなささやかなものの公私の別もつけられないなんて、人としてのケジメがついていない。

ボールペンぐらいいいでしょ、封筒ぐらいいいでしょ、と小さなものならルーズに使ったところで大した問題ではないという心のありようからは、社会人としての分別も誇りも、育ちのよさも感じられない。

「神は細部に宿る」という言葉もある。小さなことだからこそ、きちんと公私の別をつけたい。

4章

例えば、食べた後の器をきれいにしておく

誰と同席しても気後れしない品のいい「**食べ方**」

「いただきます」「ごちそうさま」がきちんと言える

日本語の中でも、最もゆかしさや人間としての心ばえを感じさせる言葉が「いただきます」ではないだろうか。野菜や魚など私たちが口にするものは、ほぼすべて「命あるもの」だ。その命を「いただいて、生きさせていただく」。

「いただきます」には、そうした深い感謝の思いが込められている。

「ごちそうさま」は漢字で書くと「ご馳走さま」。「馳走」とは、あなたのためにあちこち走りまわってこの食事を調《ととの》えた、という意味。「ご馳走さま」はその苦労に感謝する言葉なのだ。

品位の底には、さまざまなものへの感謝が流れて

いる。「いただきます」「ごちそうさま」を省くのは、その感謝をないがしろにすることだと心に刻んでおきたい。

食べ物の極端な好き嫌いがない ◯

誰にも「大好物」の食べ物と苦手な食べ物はあるものだ。だが、自分の家庭の食卓ならともかく、会社の仲間との食事の席などで「あれも嫌い」「これも嫌い」と言い張り、いつも同じものしか食べようとしない態度は大人げない。

ましてや上司などがご馳走しようと連れていってくれた店で、偏《かたよ》った好き嫌いを口にするのは、相手に失礼だ。

「食わず嫌い」という言葉もあるくらいで、ずっと「苦手」だと思っていたものでも、思い切って食べてみたら、それからはすっかり好物になったということも珍しくない。

上司や得意先との席などなら、「好き嫌いはありません」とか「何でもいただきます」と応じ、新たな美味との出合いの機会にしてしまおう。そんな大らかで積極的な姿勢はとても感じがよく、躾《しつけ》の行き届いた育ちをうかがわせる。

嫌いなものを感じよく断ることができる

メニューを選びながら、「私、○○は大嫌いなの。なんだか生臭いでしょう?」などと口に出すのは、育ちがいい・悪いを通り越して常識を疑われても仕方がない。それを大好きな人が同席している場合もあるかもしれない。そうでなくても「大嫌い」とか「生臭い」というような、聞いた人がイヤな気分になるような言葉は使わないのがマナーの第一歩だ。

相手が「ここのアジのたたきは絶品なんだ」とすすめてくれたものが苦手だった場合には、「あら、おいしそうですね。でも、今日、お昼にアジを食べてしまったので、次の機会にぜひ……」などと婉曲《えんきょく》に断るとスマートだ。

相手と合わせて食事のペースを進めている

正式なコース料理は、一品ずつ運ばれてくる。調理人は給仕担当からお客の食べるスピードの情報を得ながら、一品ずつ仕上げていく。いちばんおいしい状態で食べてもらえるようにとの配慮からだ。

そうした席で、1人だけ食事の進み方が遅いと全体の進行が遅くなり、相客にも料理人にも迷惑がかかることを意識したい。自分が主賓《しゅひん》なら同席の人の速度に合わせるように配慮し、反対に、同席者は主賓の速度に合わせるように食べ進める。

それでいながら、談笑も大いに楽しむ。こうした食事の席には、和気藹々《わきあいあい》としたものでありながら、育ちのよさも感じさせる雰囲気が漂っているものだ。

○ 箸の持ち方が正しく、きれい

箸の歴史は約5000年。現在、世界では約30％の人が箸を使い、約30％はナイフ、フォーク。40％は手で直接食べているそうだ。たった2本の〝棒〟だけで、挟む、つかむ、切る……など多目的をこなすわけで、近年では「無重力空間でも、しっかり食べ物を扱うことができる」と宇宙飛行士も箸を使っているそうだ。

ところが、最近、箸を正しく使えない人が増えている。箸は正しく持つと、見た目が美しいだけでなく、使いやすいのだ。鏡や写真などで箸の持ち方をチェックしてみるといい。

膳《ぜん》の箸をいきなり取らない

○

テーブルや膳に置かれた箸。食事の際、この箸をいきなり取り上げていないだろうか。正しい箸の取り上げ方は、以下のとおり。

まず、右手で上から箸の真ん中あたりを取り上げ、次に左手で箸の中ほどを下から支える。それから、さらに箸の上をすべらせるようにして右手を移動させ、下側からしっかり箸を握り込む。こうすると、流れるように美しく箸を取り上げることができる。

箸をつける前に塩や醤油などをかけない

出された料理に塩、コショウや醤油など卓上の調味料をかけるのは、ひと口食べ、味を見てから、がエチケットだ。

特に、それ用のたれ、つけ汁などが添えられていないならば、調理人はひととおり、味をつけているはず。本来はその味を賞味するのが正しい作法。

もちろん、味の好みには個人差がある。ひと口食べてみて、もう少し塩味が欲しいとか、醤油をひとたらし足したほうが自分の口には合う、そう感じた場合は、調味料を足すこと自体は失礼には当たらない。

その場合も、少量、控えめに足すくらいが感じがいいし、調理人への心づかいを感じさせる。

同じことは家庭での食事にもいえる。パートナーが作ってくれた食事に箸をつける前に、大量の醤油やソースをかける、七味唐辛子をふりかける、マヨネーズをかけ回すという人がいるが、彼女（彼）はけっしてそれを快く思ってはいない。

◯「ばっかり食べ（片付け食い）」をしない

和食を食べるとき、汁物、ご飯、お菜を順番に食べていき、その結果、バランスよく食べ進める「三角食べ」が推奨されていた。お菜も主菜、副菜をほどよく食べていく。

ご飯ばかり食べ続け、汁は汁で一気に飲み干すというような食べ方は品がないばかりか見た目も悪く、食べ物をきちんと味わっているとも言いがたい。これでは、料理を調えてくれた人にも失礼に当たることをわきまえておきたい。

◯「もうたくさん」と言いながらさらに食べない

旅館の料理のように、テーブルいっぱい料理が並んでいる席などで「もうこれ以上は入らない」などと言いながら、「でも、もったいないから」と、さらに食べ続けるのはいかがなものか。まして、食べすぎたおなかをパンパン叩く、ゲップをする……などはもってのほかだ。

また、自分はもうおなかがいっぱいだからと、残ったものを彼氏や夫などに食べてもらうのも、あまり感じはよくない。気持ちはわからないではないが、傍で見ている他人からは、あまり感じがよいとは思われないことを心得ておきたい。

食べ切れないなら「これ、いただき切れないので、持ち帰り用に包んでいただけますか?」と率直に頼んでみよう。たいていの店は対応してくれるはずだ。

尾頭付きの魚をきれいに食べられる　◯

知人の編集者は、高名な作家と会食したとき、焼き魚をみごとな箸さばきで食べ、以後、その作家の担当に指名されるようになったという。

昔から、魚をきれいに食べる人は本当の魚好きだと言い、また、基本的なマナーをわきまえた教養人だとも評価されたものだ。

和食の場合、尾頭付きの魚は頭のあるほうから食べていく。上身を食べたら骨と頭を離して皿の上側にずらし、下側の身を食べると食べ残りもきれいで、育ちのよさを感じさせる。切り身の場合は、皮もきれいに食べるほうが感じがいい。

食べた後の器がきれい

焼き魚にかぎらず、食べ終わった食器がきれいかどうかは、その人の印象の大きな決め手になる。食べ残しが散らばっていたり、ソースなどがあちこちについていたりしないだろうか。

育ちのいい人は、食べ終わる頃に残り物や食べかすをできるだけ小さく1か所にまとめ、食べ終わった後の食器がきれいに見えるように配慮しているものだ。

フランス料理では、ソースはシェフの腕の見せどころ。食材やパンなどできれいにぬぐって食べ、残さないことがシェフへの敬意だと見なされている。

スープをズズーッと音を立ててすすらない

洋食では、スープは「飲む」のではなく「食べる」という意味の動詞を使う。物を食べるとき、ピチャピチャ音を立てることを嫌うように、スープもできるだけ音を立てずに〝食べる〟のがマナーにかなっている。

一方、そばなどはズズズーッというより、ツ・ツーッと汁をすするほうがおいしそうだ。「食べるときにはいちばんおいしそうに」が作り手に対する心づかい、ということからか、そばなどは音を立てて食べるほうが粋だ。

バイキングで、料理を山盛りになるほど取らない

バイキングや食べ放題の店で、皿からこぼれんばかりに料理を盛っている人を見かけることがある。これは、育ちのよしあしの問題以下で、いかにも食い意地が張っているのが見え見えでみっともない。

バイキングや食べ放題の店は、何度料理を取ってもいい決まりなのだから、適量取り、それをきれいに食べてから、また、料理を取りにいけばいい。まして、山盛りに取ってきた料理を食べ残しているのに、新しい皿に次の料理を取ってくるのはマナー違反だ。

「腹も身の内」という言葉もあるくらいで、およそ、自分の食べられる量に合わせて取り、取ってきた料理は残さずきれいに食べるように心がけよう。

ビュッフェパーティで、いきなりメインディッシュに突進しない

○

ビュッフェパーティに並んでいる料理は、たいていコース料理の順になっている。したがって、最初に前菜を食べ、しだいにメイン料理へと進めていくのが、育ちのよさや教養を感じさせる食べ方になる。

ところが、「お食事をどうぞ」と言われたとたんに、ローストビーフや握り寿司のコーナーに駆け出す人は多い。そういう人が少なくない証拠に、人気料理の前にはあっという間に長蛇《ちょうだ》の列ができ、まごまごしていると「品切れ」になる、という光景をよく見かける。

それを考えに入れても、なるべく順序よく食べるようにしたい。

大皿料理で「1人分」を目算して取れる

○

中華料理は、大皿を丸テーブルにのせ、取り分けて食べるスタイルが一般的だ。

こうした席で料理を取り分ける際には、料理の分量とまだ取り分けていない人の数を素早く計算し、全員に均等に行き渡るように配慮して、適当な量を取ると感じがいいし、躾《しつけ》が行き届いた人に見える。

その料理が好物でもう少し欲しいときは、料理がひとしきり行き渡り、まだ残っていることが前提だが、

「私、○○が大好物なので、もう少しいただいていいですか」

とひと声かけて追加を取ると、あなたの印象がワンランクアップする。

食べ物を口いっぱいに頬張らない

口いっぱいに食べ物を頬張った顔は、想像以上に無粋《ぶすい》で、面相が崩れることをご存じだろうか。

どんな料理でも「ひと口大」にして食べるのが基本のキ。肉まんなど、つい頬張りたくなるものでも、人前では手でひと口大に割って食べるようにしよう。団子、焼き鳥など串に刺してあるものは、箸でしごいて串からはずし、ひと口ずつ食べるとエレガントな印象になる。

口に食べ物が入っているときはしゃべらない

おいしいものを食べていると、つい夢中になってしまう。そんなとき、話しかけられたりすると、口中に食べ物が入ったまま話すことがある。

だが、これは最もマナーに欠ける行為だ。口中に物が入っていると、クチャクチャ音がするばかりか、食べ物が口から飛び出るという最悪の失敗も考えられる。

かといって、黙々と食べるのもマナー違反。会食の席では少量ずつ口に入れるようにし、話に参加するときには、食べ物を飲み込み、口中を空の状態にしてからにしよう。会食は話を楽しむ席だからだ。

食べ終わったご飯茶碗でお茶や白湯を飲まない

○

お年寄りなどに、ご飯の後、ご飯茶碗でお茶や白湯《さゆ》を飲む人がいる。これは、現代の感覚では「非衛生的」に見え、不快感を覚える人もいるだろう。いじましい印象も与えかねないので、少なくとも、人前では控えたほうがよさそうだ。

水も物資も乏《とぼ》しい時代には、むしろ、食べ終えた碗《わん》に湯を注ぎ、碗の汚れを湯と香の物で清め、それを飲み干す、あるいは桶にためて庭木の根元などに撒き、水も碗にかすかについた食べ残しも生かし切ることが、心得とされていたものだった。禅では、これを「折水《せっすい》」と呼び、食事作法として取り入れているほどだ。

だが、時代は大きく変わった。他人の目に、不快感を与える可能性がある行為は控えるべきことも知っておきたい。

飲食店で、持ち込んだ食品を勝手に食べない

飲食店で、他の店で買ったものを開いて食べることは、非常に失礼に当たることを心得たい。お店にとって、お酒もおつまみも〝商品〟なのだ。よそで手に入れたものを勝手に飲食されたら、お店は成り立たなくなってしまう。

もちろん、ある程度の人数でお店を利用し、それなりの料理などを頼んだ場合は「持ち込み可」という特別条件をつけてくれるところもあるかもしれない。

その場合も「〇〇を持ち込んでもいいですか」とあらかじめ断りを入れておくと、お互いに感じよく、楽しい時間を過ごせるはずだ。

ワインやカクテルを飲むとき、小指を立ててグラスを持たない

ステム（脚）つきのグラスを、小指を立てて持つと女らしく見えると思い込んでいないだろうか。そうした思いが透けて見えると、かえっていやしい印象になる。

ワイングラスの正しい持ち方には2説ある。

日本では、手の温もりで酒の温度を変えないようにステムを持つのが正しいとされる。だが、これは本来、テイスティングする際の持ち方。国際的にはボウル下部を指で包み込むようにして持つのが正しい。場の雰囲気で持ち分けるといいだろう。

グラスに口紅がついたら、素早く拭き取る

グラスや食器に口紅がついてしまった。これを放置するのはだらしがない。

欧米では、ベットリと口紅をつけたままの女性は無作法な印象だけでなく、セックスがらみの仕事をしていると見なされてしまうほどだ。

人に気づかれないようにさりげなく、ティッシュで拭き取るか、指先で拭き取っておく気づかいが欲しい。口紅をつけた後、ティッシュなどで軽く押さえると、器にベットリ、をある程度は防げるようだ。

飲食店で、皿を自分で重ねたり片付けたりしない

○

パーティでは当然のマナーだが、一般の飲食店でも、食べ終えた皿をどんどん積み上げたり、隣の空いているテーブルに移したりするのは控えたい。器やテーブルの片付けは、店の人に任せるべきだ。

勝手に器を重ねていって、大事な器が欠けたり、割れたりしたら、どうするつもりなのだろうか。

老舗《しにせ》料亭や高級旅館などでは、めったに手に入らない名器や骨董品を使っていることも珍しくない。皿を重ねると、皿の底や器の高台《こうだい》の中にまで汚れが入り込み、食器洗いの手間がよけいにかかると聞いたこともある。

空いた器でテーブルがいっぱいになったら、店側のスタッフに「空いた皿を片付けていただけますか」と声をかけると、スマートで感じがいい。

楊枝《ようじ》を使いながら歩かない

ランチタイムは、持ち時間が十分になかったり、外で順番を待っているお客がいたりして、何となく忙《せわ》しないものだ。それはわかるが、だからといって、食後、楊枝を使いながら席を立ち、外を歩いているときまで楊枝を咥《くわ》えていたりしないだろうか。

これ以上、恥ずかしい行為はないと自覚しよう。

楊枝を使うならば、食卓で片方の手で口元をおおい、もう一方の手で楊枝を手早く使うようにするべきだ。間違っても、「シーハ、シーハ」などと音を立てるのはタブーである。

どんな場合にも、不要な音を立てるのは躾がなっていない印象を与えることを肝に銘じておきたい。

〇 食事の席ではタバコを吸わない

かつてに比べればかなり減っているとはいえ、いまだ日本人の18・25％が習慣的に喫煙している（「2018年全国たばこ喫煙者率調査」より）。しかし、2020年4月に「東京都受動喫煙防止条例」が全面施行されるなど、タバコをめぐる社会的なマナーも大きく変わってきている。

喫煙可の飲食店でも、食事をする席ではタバコは控えたい。

タバコ嫌いに対する配慮だけでなく、タバコを吸うと味覚に影響を与え、料理を十分堪能できない。これでは、せっかく最高の味でもてなそうとしている調理人に対して失礼になる。

5章

「身だしなみ」一つで好印象を漂わせるには

例えば、靴底はすり減る前に交換する

外出時はもちろん、普段着でも適度の「おしゃれ」を忘れない

夏目漱石の妻・鏡子の『漱石の思い出』に、漱石は「非常に渋好みのくせに大のおしゃれ」だったとある。さすが、明治の文豪は「いつもきちんとしている」ことを大事に守っていた様子が窺《うかが》われる。

外出時は気をつかうのに、普段着は何でもいいとばかりに、品質や趣味は二の次、になっていないだろうか。靴下一つ、エプロン一つにしても、普段着であっても自分の趣味に合ったものを選びたい。

あなたは、誰かが突然訪ねてきても、慌てずにドアを開けられるだろうか。

歯がきれい

「明眸皓歯《めいぼうこうし》」というように、美しく澄んだ目元と白く美しい歯は美人の代名詞。唐の詩人・杜甫《とほ》が、楊貴妃《ようきひ》を讃《たた》えた詩にある表現だ。きれいな歯をのぞかせてにっこ

りと笑う……。こんな笑顔の持ち主には、どんな人でも魅了されてしまうものだ。

逆に、口を開けたら食べかすやたばこのヤニがついていたのでは、どんな美男美女も台無しだろう。できれば毎食後、歯を磨き、ブレスケアをしてきれいな口元を保つようにしたい。

手指や爪が清潔

メモを走らせるとき、箸やフォークを口に運ぶとき、歓談の席で身振り手振りを交えて話すときなど、手は思っている以上に人目につくものだ。爪をきちんと切りそろえ、マニキュアを塗るならやや控えめな色を選んで、いつもきちんと塗り直し、きれいに整えておきたい。

大事な人と会う前には、手をよく洗い、ハンドクリームなどを薄くのばしておくと、手の肌もなめらかで好印象になる。

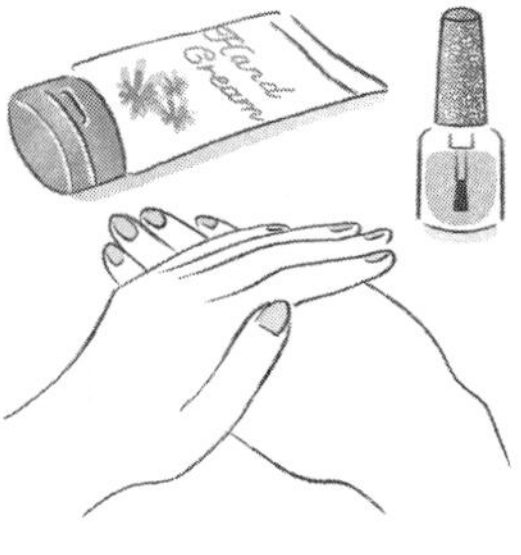

髪の手入れが行き届いている　〇

髪は、ちょっと手入れを怠《おこた》るとツヤがなくなり、どことなく荒れすさんだ印象になってきてしまう。2日に一度はシャンプーし、朝、ヘアスタイルを整えたら整髪剤をつけ、一日中、髪形が崩れないように気を使う心づかいが欲しい。

日中もトイレに立ったら、髪をチェックし、乱れていたら、きちんと整える習慣をつけておくとよい。

カラーリングやリタッチをサボり、生え際の色が変わっているのは遠目にも見苦しく、細やかさに欠ける姿勢は育ちを物語ると言いたくなってしまう。髪を染めた場合は、こまめに染め直したい。

仕事中はロングヘアを束《たば》ねている　〇

サラサラ流れるロングヘアは女性らしく、とても素敵だが、少なくとも、オフィスにふさわしいヘアスタイルとはいえない。職種にもよるが、仕事中は髪の毛をすっきりとまとめるのが場を心得た印象で、知性を感じさせる。

最近は男性の長髪も見かけるようになってきた。アパレル、ＩＴ系など、自由な雰囲気の職種なら、ある程度の自由も認められるのだろう。

男性も、肩より長い場合は、ひと束にまとめるほうが好印象になる。

メイクが濃すぎない ○

最近は化粧品の進歩に加えて、メイクテクニックの進化がめざましい。女性たちはメイクの腕も磨かれ、上手な人が増えている。

だが一方で、やけに濃い化粧だったり、派手な色使いをしているなど、勘違いメイクの女性を見かけることも多い。

化粧をしているうちに、もう少しはっきり、もう少し派手にと、ついエスカレートしてしまう心理はわからないわけではないが、濃すぎるメイクはいただけない。

控えめなメイクのほうが清潔感があり、知的な印象になることを知っておこう。

パーティシーンでもないのに、ラメで顔面をキラキラさせたり、リップのグロスを効かせているのは場違いで、品を損なうことも知っておきたい。

長く伸ばした爪、凝《こ》ったネイルで仕事をしない

○

タレントやモデルでもないのに、ラメやストーンをあしらった派手なネイルで仕事をしていないだろうか。爪を長く伸ばしている人も要注意だ。第一、長い爪でパソコンのキーを打つとカチカチ音がして、まわりはいい迷惑だ。

育ちのよさを感じさせるネイルのおしゃれは、爪は適度な長さに切りそろえてあり、マニキュアは淡いピンクなど。ハンドクリームなどをつけ、指先のささくれを放っておかない配慮も欲しい。

会社で爪を切ったり、耳かきをしたりしない

○

「会社内でまさか、そんな人がいるなんて」と思うだろうが、あんがい、こういう人は少なくない。中年男性に多いが、長く勤めているうちに、会社もわが家同然になってしまうのかもしれない。

しかし、たとえ昼休み時間でも、仕事机の上で爪を切るなんて、品性に欠ける人のやることだ。言うまでもないが、耳かきも同じ。

公私の別はしっかりつけたい。

◯ H系の広告が入ったティッシュを堂々と使わない

ヒゲのそり残しなどがなく、身につけているものが清潔感にあふれている人からは、そこはかとない育ちのよさがにじみ出ているものだ。

いつもハンカチやティッシュを持っていることは言うまでもないが、それがしわくちゃだったり、ティッシュがヨレヨレだったりしないだろうか。

また、路上で渡されたティッシュを「これ幸い」と使っている人も多いだろうが、中にはH系の店の宣伝物である場合も少なくない。

それをそのまま持ち歩いて公の場で取り出すのは、無神経、品性下劣だと言われても仕方がないだろう。女性はもちろん、男性にとってもセクハラだと感じる人は多い。ケースに移し替えるか、H系の宣伝紙を取り除いて使おう。

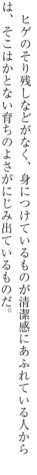

シャツにアイロンがかかっている

〇

ノーアイロン素材が増えてきたが、やはり、ワイシャツにしっかりアイロンがかかっていると、仕事に対する姿勢まできっちりとしていて、誠実な人だという印象になる。

仕事が忙しい、共働きで時間が取れないなどの理由でアイロンをかける時間がないならば、せめて、スーツのVゾーンから覗《のぞ》く部分だけでもアイロンをかけるようにしたい。

上司や来客の前では、ワイシャツの第一ボタンまでキチンと留めている

〇

クールビズの浸透などから、基本的には、ワイシャツは第一ボタンまでは開けてもいい、というのが現代の常識になっている。

だが、上司や来客と会うときは、ワイシャツの第一ボタンまできちんと留めてい

るほうが、感じがいいもの。あなたをきちんと見せるだけでなく、会社のイメージもアップさせる。

ネクタイをするなら正しい締め方をマスターする

クールビズの導入以来、ノーネクタイが認められることも増えてきたが、仕事の性質によっては今もネクタイ着用が基本。また、フォーマルな場ではネクタイはもちろん必須アイテムだ。

ところが普段、結び慣れていないためか、ネクタイがきちんと結べない人が増えている。襟元をきっちり締めて結ぶことは言うまでもなく、結び目の下のディンプル(窪《くぼ》み)がほどよい大きさで形も整っていないと品格や誠実感に欠け、だらしない印象に。結ぶときは鏡の前でチェック！　を習慣づけよう。

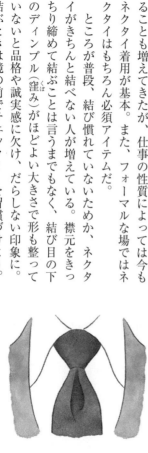

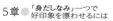

✕ オフィスで露出度の高い服を着ない

胸元が大きく開いたデザインの上着や、透け感のあるブラウスなどは、原則として夜の集《つど》いのためのもの。デイタイム、ましてオフィスでは避けるべきだ。

こうしたＴＰＯをわきまえない服装は魅力を振りまくどころか、常識のなさ、知性のなさを振りまくだけだということを心に刻んでおきたい。

胸が大きく開いた服はお辞儀をしたり、デスクワークでうつむき加減になったときなどに〝谷間〟が見えてしまうことがある。露出ではないが、体のラインがはっきりわかるデザインの服装など、こうした服装は逆セクハラになりかねない。

✕ 会社でミニやショートパンツをはかない

ミニスカート派、ショートパンツ派、デニム派、そうかと思うとロングスカート派もいたりして、昨今は自由に好きなおしゃれを楽しめる時代だといえる。

だが、それはあくまでもプライベートタイムでのこと。自由なファッションが認められているオフィスでも、ミニやショートパンツはNG。制服がない場合も、オーソドックスなパンツスタイルか、膝丈《ひざたけ》スカートのほうがずっと素敵だ。

なお、ショートパンツから、パンティストッキングの厚織りの部分が見えているのは、下着が見えているのと同じ。プライベートの場であっても恥ずかしい。

会社など、しかるべき場ではストッキングをはく

サンダルやミュールが流行っているからだろうか。オフィスでも〝生足〟で通す人が増えている。しかし、生足は、場合によってははしたなく、異性に勘違いさせる可能性さえある。特にパンプスなど、きちんとした靴に生足はふさわしくない。

ストッキングで気をつけたいことはまだある。制服に着替えても、ストッキングまではは き替えないのか、制服にレース調やカラーストッキング、あるいはカラータイツをはいている人を見かけることがあるが、これではチグハグな印象になる。レース調やラメ入りのストッキングなどは常識さえ疑われてしまう。

オフタイムとビジネスタイムを使い分ける。これは身だしなみの第一歩だ。

服装の乱れは人目につかないところで直す

オフィス内で堂々とズボンの中にシャツの裾《すそ》を押し込んだり、ズボンの裾を少し上げて、ずり落ちたソックスを上げたり。

長年勤務しているうちに、オフィスはわが家も同然、同僚は家族と同じという感覚になるのだろうが、「公私」で言うなら、間違いなく「公」の場である。

特に〝個室〟になりやすいエレベーター内は要注意。今なら誰もいないからと服装の乱れを直し始めたら、突如エレベーターが開いて目の前に上司や顧客が……ということもある。

着乱れが気になったら、面倒でもトイレか更衣室へ。このちょっとした手間を省《はぶ》くか、省かないかが、大きな差になるのだ。

きれいに磨かれた靴をはいている

旅館や料亭では、履物《はきもの》を見て、お客の品定めをするという。多少はき込んだ靴でも手入れがゆき届き、ピカピカに磨いてあれば、筋《すじ》のいい上客というわけだ。

得意先や訪問先に足を踏み入れる前に、必ず靴をさっとひとふきする。そんな習慣を身につけると、気がつくと「あの人はいつもきちんとしていて感じがいい」と評価されるようになっていたりする。

細部への気配りは、あなたの印象を一気に引き上げてくれるものなのだ。

ヒールがすり減った靴を平気ではかない

ヒールの底がすり減り、ひどい場合は、すり減った部分が底からはみ出していたりする……。こんな状態の靴を平気ではいている人を見かけることがあるが、いくらファッショナブルに着飾っていても、これでは幻滅だ。

よく「靴の状態でその人の人格や本性がわかる」と言われる。高価な靴を買うことは、お金さえあれば誰でもできる。しかし、その手入れを手間ひまかけてする意識があるかどうか、そうしたことを面倒がらずにきちんとできる人かどうかが、足元ではかられるわけだ。

靴を磨くときは底の減り加減も見て、早めにヒールを交換しよう。

ヒールが高すぎる靴をはかない

ある女優は、18センチメートルもあるハイヒールを愛用しているそうだ。だが、高すぎるヒールは、少なくともオフィスでは御法度《ごはっと》。高いヒールは夜の仕事を連想させ、下品に見えてしまう。

どんなにはき慣れているといっても、高すぎるヒールは疲れやすく、仕事に向いているとはいえない。

仕事中にはくなら、ヒールは4〜5センチメートル程度。色は黒かブラウンなどでシンプルなデザインの靴がふさわしい。

いい年をして、キャラクターものを使わない

育ちのよさを感じさせる人とは、年齢相応の分別を身につけた大人の人、というイメージと重なる。

ところが最近は、いい大人なのに、子どもっぽいキャラクター物を持っている人

を見かけることが多い。スマホカバーや定期入れ、ボールペンがキャラクター物だと、ビジネス相手には軽く見られることもあるだろう。

かわいいものが好きだという趣味を否定するわけではないが、人目に触れる場所、特にオフィスなどでは、大人らしい、洗練されたものを持つようにしたほうがいい。

◯ 眼鏡のレンズが曇《くも》ったらすぐに拭いている

会話をするときは顔を見るので、相手の眼鏡のレンズが曇っていると、けっこう目につくものだ。そうかといって、相手がいい年の大人だった場合は、指摘するのもはばかられる。当人も物が見えづらいと思うのだが、いっこうに意に介さない人もいる。

こうした人は、本人にそんなつもりはなくとも「自分を大事にしていない人だ」と判断されてしまう。また、どこか生活が荒れた、ささくれ立った印象を相手に残し、さらに発展して、まわりへの配慮もできないのではと疑われてしまう。

人と会う直前の身だしなみチェックに、眼鏡も忘れずに加えておこう。

ブランドロゴが目立つ服やバッグをいくつも身につけない

誰が見てもブランド品だとわかるようなロゴ入りのウエアやバッグ、取り出した財布もブランド品ならば、時計はひと目で給料の何倍もするとわかる物……。

こんなおしゃれは、セレブでもハイセンスでも何でもない。

それが好きだったから求めたのではなく、「人が憧れるブランド品だから買った」ことが見え見え。しかも、これ見よがしに身につけられると、心根《こころね》の貧相さを疑いたくなる。

そもそも、なぜ高級ブランドがそう呼ばれるかといえば、長年の間、高い品質を追求し続けてきたから。したがって、その物の持つ使いやすさ、最高のクオリティがかもし出す格調や雰囲気を味わいたい。

ブランド品を身につけるときは一点に絞ること。言うまでもなく、ロゴが目立ちにくいもののほうが品がよい。

カバンの中身がきちんと整理されている

取引先などで筆記具を取り出そうとしたところ、見つからない。焦ってカバンの中を探し回ってようやく発見。本当に恥ずかしかった……という経験はないだろうか。

仕事用のカバンにかぎらず、ハンドバッグの中はいつもきちんと整理しておき、必要なものはいつでもさっと取り出せるとスマートだ。バラバラになりやすいものはケースや小袋に分類しておくとよい。

紙類はクリアファイルに入れて持ち歩けば、端が折れ曲がったりしない。

相手に書類を渡す場合も、透明なクリアファイルに入れて渡す心づかいを示すと行き届いた印象で、「さすが」と評価してもらえる。

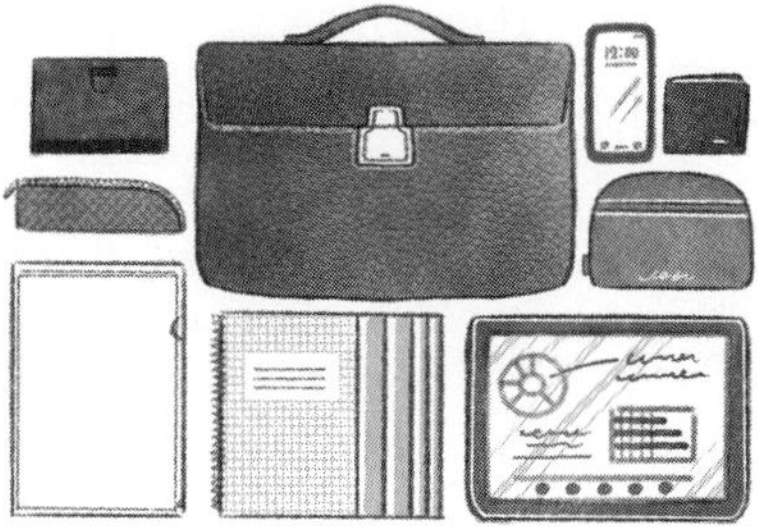

カバンのファスナーをきちんと閉めている……〇

仕事関係の書類が多いなど、やむを得ないこともあるのだろう。だが、ファスナーが閉まらなくなるほどぎっしり詰め込んだ〝メタボ〟なカバンを持ち歩くのは、みっともない。

カバンも〝腹八分ぐらい〟が外から見ても形よく収まり、ファスナーも無理なく閉まる。

ファスナーを開けたら、中身が丸見えという入れ方もまずい。大事な資料が丸見えだったりすると「資料の扱い方があれでは……」と上司や仕事相手の信頼を欠くことになろう。

街中で時折、ファスナーのないバッグに、財布やカード入れなどを丸見え状態で入れている人を見かけることもあるが、スリでなくてもついその気になってしまう人もいるだろう。ハンカチやスカーフなどをかぶせて持つか、丸見えにならないよう、財布などはバッグの奥底にしっかりしまう配慮を欠かさないようにしたい。

着崩すとは「だらしなく着る」ことではないと心得ている

いつでも、そして、何から何まで型どおり、決まりどおりにきちんと着ることだけがマナーではない。動きやすいようにちょっと着崩すと粋《いき》に見え、おしゃれ度がアップすることがある。

だが、着崩すことを、だらしなく着ることだとはき違え、襟元をグズグズにしたり、ボタンを中ほどまで留めなかったり、ジーンズなどを腰まで下げてはいたりしていないだろうか。

着崩すことは、定型どおりに着ることよりも難しい。上っ面だけの〝着崩し〟はみっともないことを自覚しよう。

カーディガンの肩がけも同じ。一見、おしゃれに見えるかもしれないが、育ちのよさは感じられない。

和服にピアス、イヤリングを合わせない

自由に好きなものを組み合わせ、着こなしを楽しむことは大いに結構だと思う。だが、ドレスでも、和服でも、長い伝統が育まれてきた文化だけに、それぞれ着こなしの決まりがある。

たとえば和服ならば、基本的にアクセサリーはつけないのが決まり。昔から、どんなに高貴な人、権勢を極めた人も、つけるのは髪飾りと帯締め、指輪だけ。ところが最近は、和服を着ているにもかかわらず、ピアスやイヤリングをつけたり、襟元にダイヤを光らせていたりする。

本人は「キラキラ光ってきれい！」とご満悦なのかもしれないが、基本的にはマナー違反であり、何よりも品がよくないことに気づきたい。

いい年をして振袖を着ない

和服には昔からの決まり事があり、たとえば、振袖は未婚の女性が着るもの。ミ

セスになると、どんなに華やかな場であっても、また最高ランクのものであっても、たもとは短く、が決まりとされている。

最近は演歌歌手など、かなりの年になっても振袖を着ている人がいるが、あれはあくまで舞台衣装。普通の女性がミセスなのに、あるいはもういい年なのに、結婚式の披露宴などで振袖を着るのはみっともないと心得よう。

しっとり成熟した美しさをかもし出す年齢になった女性が、渋い色合いの和服を着こなす姿からは端然とした気品が匂い立ち、見る人の目を釘付けにしてしまうものだ。

◯ 結婚式で、場にふさわしい装《よそお》いができる

結婚式だからと、華やかさと派手さをはき違えた格好をしている人を見かけることがある。ピラピラピカピカしたドレスは大人として残念だし、胸の谷間が見えそうなドレスは着る人の人格や品性を疑いたくなる。

こうした席では、何よりも、その日の主役である花嫁より目立たないように心を配りたい。

そもそも「派手」に思えるということは、人より目立ちたいという下品な気持ちの表れともいえる。上品で知的なフォーマルウエアとは、ぱあっと目立つ服ではなく、その場に異和感なく溶け込み、それでいて確かな存在感を漂《ただよ》わせる、シックでエレガントな装いを言う。

6章

いつ会っても感じがいい人の「心がけ」

例えば、不機嫌をそのまま顔に出さない

いつも上機嫌でいる

「あなたってわかりやすい人ねぇ」と言われたら、要反省だ。楽しいこと、うれしいことがすぐに顔に出るというよりは、不機嫌さや不快さがすぐに表情や態度に表れるのね、と言われたと同じだからだ。

人は1人では生きていけない。だから、誰かと一緒にいるときは、気持ちのいい時間を過ごすように、お互いに努力する。これが生きていくうえでの暗黙のルールだと言っても過言ではない。

少なくとも、まわりの人々に、できるだけよけいな気を使わせないようにするのが、節度があり、知性や育ちのよさがにじみ出る生き方だといえよう。

ここで上機嫌を保つヒントを。無理をしてでも「上機嫌」な表情や行動、態度を保っているうちに、多少の不快さは本当に気にならなくなってくる。体と心はつながっているから、体にプラスのアプローチをすると、心にもよい影響が出るのだ。ぜひ、試してほしい。

○ 精神的に「1人で」立っている

1人と孤独とは違う。1人とは、自分は独立した個であるという自覚を持っていて、毅然《きぜん》として一人で立っている。

1人の時間も満たされ、充実して過ごすことができることは、成熟した人間であるための基本条件の一つだと思う。

だからといって孤独ではなく、まわりには家族もいれば、友もいる、仲間もいる。彼らにもたれかかることはないが、柔軟なつながりや気持ちの通じ合いは誰よりも強く実感しており、大事にしている。

1人を楽しむことができる人は、2人、3人になればいっそう自分も相手も楽しませることができる。1人の時間を充実させることができる人は、みんなと一緒の時間をさらに充実し、楽しみながら、有意義に過ごす術《すべ》を知っているからだ。

品格のある生き方とは、こういう生き方を言うのだと思う。

いつも背筋が伸びている

◯

正しい姿勢は、世界のどこでも通用するマナーだ。

ロイヤルメンバーやセレブたちは幼い頃から、立つとき、座るとき、歩くときなど、あらゆるシーンにおける、正しく美しい姿勢をとことん躾《しつ》けられると聞く。

正しい姿勢の基本はおなかの少し下に重心を置いて立ち、背筋をすっと伸ばす、人の体の仕組みに合った姿勢で、血液の流れをスムーズにするので体も楽だ。

「誰も見ていないからいいや」という発想をしない

◯

向田邦子のエッセイに「鍋から（じかに料理を）食べるようになったらお終まい」というような言葉があった。一人暮らしの心得である。

人の目がないからといって、下着だけなど、だらしがない格好で過ごしたり、鍋から直接食べるというような振る舞いをしていると、人前ではちゃんと振る舞っているつもりでも、不思議とどこか崩れた印象になってくるから恐ろしい。

「神は自分の心に宿る」。これが育ちのよさをかもし出す発想の原点である。

年長者を気づかい、小さな子をいたわる気持ちを持っている

「あの女優も劣化してきた」。ある女優が年齢を重ねてきたことを、こう揶揄《やゆ》した、ネットの書き込みが議論を呼んだことがあった。

たしかに年齢とともに衰えるものがあることは認めざるを得ないが、一方で、それまでの人生経験が何ともいえない味や風格となって、存在感を増してくるのも年齢を重ねた人の特長だ。

電車やバスなどで、お年寄りや小さな子どもをやさしく気づかっているだろうか。席を譲るのは当たり前。必要な場合には乗り降りに手を貸すなどの気づかいをさりげなくできるかどうか。育ちのいい人はこうしたことをごく自然に行なうのだ。

反対に、目の前の若者が立ち上がり、席を譲ってくれた。こんなときは素直に好意を受け入れるほうが品よく映り、まわりの人も好印象を持つものだ。

まわりの人の気づかいに気づくことができる

◯

茶道の祖・千利休《せんのりきゅう》の美意識を伝える逸話の一つに「庭掃除」がある。弟子に庭園掃除を命じたところ、弟子は落ち葉1枚残さず、きれいに掃き清めた。それを見た利休は枝を揺らし、はらはらと数枚の落ち葉を庭に散らしたという。

木の葉1枚落ちていない庭よりも、落ち葉がまばらに散っているほうが風情がある。より趣深く整えた庭で客を迎えるのが、本当のもてなしだというわけだ。

しかし、その心づかいに客が気づかなければ、利休の心配りは何の意味もなくなる。あなたは、相手の心づかいに敏感に感応できる感性があるだろうか。

自分の非を素直に認めることができる

◯

誰にだって間違いはあるし、欠けているところだってある。どんなに〝デキる〟人だって、時には失敗することもある。

ところが中には、明らかに自分が悪かったと気づきながらも、「部長がそうおっしゃったから、そのようにしたつもりです」とか「最初から、そう言ってくれればいいのに。言われなければわからないわ」などと、自分は悪くない、ミスをしたのは相手が悪い……と言わんばかりの反論、口答えをする人も少なくない。

だが、自分が悪いと気がついたら、素直に頭を下げて詫《わ》びる潔《いさぎよ》さを持とう。潔い姿勢にはおかしがたい品格がにじみ出ているものだ。

「人の世に失敗ちゅうことは、ありゃせんぞ」。坂本竜馬の言葉だ。

非を素直に認めることができたときから、失敗は失敗でなくなり、新たな一歩となるのである。

卑《ひ》屈《くつ》にならない

自分の非を認めることと、理由もなく下手《したて》に出ることとはまったく違う。基本的には、人は誰でも平等なのだ。上司の前だろうが、相手が得意先だろうが、卑屈な態度をとるとかえってよくない。相手に人を見る目があればなおさら、評価をみずから落とすだけだと考えていたほうがいい。

普段から「どうせ私なんか……」という口グセがある人は要注意。そう言えば謙虚に聞こえるだろうと思っているなら、それはとんでもない思い違いだ。

自分なりに誠意を尽くして頑張って生きていると、胸を張れるだろうか。心の底に誇りと自信を持っていればこそ、相手を立てることもできる。育ちのよさとは、そうした姿勢ににじみ出るものだ。

客観的な見方ができる

「わが社はここまで一生懸命やったのに、コンペに負けたのは、相手がフェアでないからだ」とか、「メールを入れたのに、すぐに返信がこない」など、すぐにキレたり、腹を立てたりするのは、ちょっと待って。

自分の思いどおりにならないと、すぐに怒ったり不機嫌になったりする人は、相手にも事情や都合があるという発想ができないのだ。こういうときに、一歩引いて客観的に物事を見ることができる人には分別が感じられ、好感を持つことができる。

「楽観的になりたいなら、客観的になることだ」

精神科医で名エッセイストだった斎藤《さいとう》茂太《しげた》氏の言葉だ。斎藤さんは大らかなお人柄で、何よりも品がいい方だった。

◎ 行動がキビキビしている

思い立ったら即！　は毎日の行動についても言える。やりたいこと・やるべきことなのに、グズグズしているのはみっともない。速やかに取りかかろう。

キビキビと行動する人は、何をすべきかという目的意識が明確で、頭の中が整理されているものだ。だから、行動にムダがなく、傍で見ていても気持ちがいい。まわりの人の気分まで明るくする振る舞いは、育ちのよさを感じさせる基本条件だ。

感謝の心を忘れない

その人の力添えではないことに対しても「お陰《かげ》さまで」と口にすることがある。これは、天地自然の恵みや、まわりの人の力を借りて生きていることへの感謝の心を示すものだ。

お互いへの感謝、敬《うやま》い合いを大事にすると、よりいっそう清々《すがすが》しい付き合いができるはずだ。

気分や情緒が比較的、安定している

その日によって気分のアップダウンが激しく、周囲が「今日は荒れ模様」「今日はまあまあ晴天」などとひそかに噂している——。どこの職場にも、そんな上司が1人や2人はいるものだ。

イライラや気分の落ち込みなどはもちろんコントロールしなければいけないが、過剰なハイテンションも傍《はた》迷惑であることが多い。

われながら気分が変動しやすいという自覚症状がある人は、大事な面談や会議の前には、腹式呼吸などをして、できるだけ精神状態をニュートラルに整える習慣をつけるといい。

◯ 仲間に「育ちのいい」人がいる

知人の女性と久しぶりに会ったところ、驚くほど美しいたたずまいを身につけていた。「しばらく会わないうちに雰囲気が変わったね」と言ったところ、ひょんなことから香道《こうどう》を習い始めたという。

彼女はワーキングウーマン。それまでは髪振り乱して生きてきたが、香道のお稽古仲間は古い家柄の人も多く、言葉一つ、身のこなしの一つ一つにも品性が匂い立つ。そんな中に立ち混じって稽古を重ねているうちに、自分でも変わったなと思うことが多くなってきたそうだ。

「育ちがいいな」と感じる人の仲間に入れてもらうことは、育ちがいい人に生まれ変わる最高の機会になるようだ。

○ 育ちのよしあしを親や家柄のせいにしない

「私なんて、実家は裏通りの小さな商店だったんだもの。育ちがいいわけないわ」などと開き直るのはいかがなものだろうか。

じつは、育ちのよしあしは家柄にはあまり関係ない。遺伝するものではないからだ。とはいえ、上品な家庭に育てば、その環境からおのずと品が身に備わっていく。親の躾《しつけ》が行き届いていれば、その振る舞いや言動を見ているうちに、子どもも自然にそう振る舞うようになるからだ。

だが、そうした環境に恵まれなかったとしても、自覚して努力することで、美しい振る舞いを身につけることはできる。育ちはいつからでも、自分で変えられるのだから。

○ 何か一つは、品のいい趣味を持っている

趣味は、人生を豊かにも、また、深く掘り下げてもくれるもの。いい趣味を持っ

ている人は心豊かな日々を生きているので、おのずと立ち振る舞いや話題などにゆかしさやゆとりが出てくる。

サントリーのコピーライターでもあり、直木賞受賞作家でもあった山口瞳《ひとみ》は、著書『続礼儀作法入門』（新潮文庫）の中で「何か品のいい趣味の一つは身につけるべきである。それを自分1人で掘り下げるときに、楽しみは2倍にも3倍にもなると思う」と述べている。

もし、そうした趣味を持っていないなら、今すぐにでも、自分を成熟に向かわせてくれる趣味探しを始めよう。

季節の移り変わりに気づける

日の出の空が徐々に明るくなる様子や、夕陽が感動的なほど空を染めて落ちていく様子にしばし足を止めて見入ったり、雨が軒《のき》を伝って、小さな水滴となって落ちていく様子に一瞬、心を奪われる。

春には一面の花の野、夏には蒼天《そうてん》に湧く入道雲、秋はさまざまな濃淡を見せながら染まる紅葉に目を奪われ、冬は純白の雪野を思い浮かべる……。四季それぞれの自然を心から愛し、楽しむ。

お金で買うことができる楽しみもいいが、それ以上に万金を積んでも手に入らない、自然の営みや恵みを心から愛し、楽しんでいる。こうした人の暮らしやたたずまいからは、見る者の心を洗うような、清々しい気品が匂い立ってくる。

日々、食べるものにも不自由したほど経済的に逼塞《ひっそく》していた樋口一葉《ひぐちいちよう》は、それでも机に一輪挿《ざ》しを飾っていた。もちろん花を買う余裕はなく、挿されていたのは路《ろ》傍《ぼう》に咲いた、名も知れぬ花だ。

季節の移ろいを愛し、自然の営みに敏感な気持ちが、一葉に、後世に読み継がれる小説を書かせたのではないだろうか。

動植物へのいたわりの気持ちがある

「雑草という名前の草はない」

植物学者の牧野富太郎《まきのとみたろう》はこんな言葉を残している。たしかに、名も知れぬ草を雑草と決めつけるのは、心ない振る舞いだ。

歩道の敷石と敷石の間などにも名を知らぬ草が芽を吹き、葉を伸ばしている。よく見ると、小さく可憐《かれん》な花まで咲かせていることも。庭の手入れなどをしているときに、そうした草を引き抜くのは可哀想だと一瞬思う。

足元を見ると、地面をせわしなく動き回るアリやミミズやトカゲなど、生命はあらゆるところに満ちている。

そうした生命にも豊かな愛情を持っている人には、人としての優しさやぬくもりをしみじみ感じ、こちらまで清らかな気持ちになる。

動物を可愛がるが、過剰な可愛がり方はしない

世は空前のペットブームである。愛らしく動き回り、見ているだけで癒《い》やされるなど、イヌ、ネコから与えられるものは限りなく大きいから、ペットへの愛情がエスカレートしていく気持ちはよくわかる。

だからといって、べらぼうに高いドレスを着せたり、本物のダイヤのアクセサリーをつけさせて悦《えつ》に入《い》っているような人は、どう見ても育ちがいいとは思えない。

着せられているイヌやネコだって、ありがた迷惑だろう。

ペットに対する本物の愛情を持つ人は、健康的な食餌《しょくじ》を与え、清潔さを保ち、ほどよく運動させる。そうした、本当にペットが喜ぶ生活を与え、ペットと喜びを共有することであるとちゃんと理解している。

そうした知的なペットライフを実現している人からは、健全な精神性、そして、そこはかとない育ちのよさが感じられる。

小さなことにも「ありがとう」を忘れずに言う

◯

オフィスで接客中の上司にお茶を差し出した。

こんなとき、無言の上司と、小声で「ありがとう」と言ってくれる上司がいたら、好感度は言うまでもなく、「ありがとう」と言う上司が上だ。人間としての大きさ、品格の高さまで感じられる。

コピーをとってもらった、FAXを送信してもらった、必要な資料を届けてもらった……。こうした小さなこと一つ一つに「ありがとう」を言うことを忘れないようにしよう。

家族の間でも同じことだ。妻がおいしいご飯を作って待っていてくれた。夫が出がけにゴミを出してくれた。子どもが冷蔵庫から缶ビールを持ってきてくれた。

こうした日々のことに、さりげなく、でも忘れることなく「ありがとう」を言う。うっかりおならやゲップが出てしまったら「ごめん」「失礼!」を忘れない。

育ちのよさとは、こうしたささやかな行動に表れるものだ。

「自分さえよければいい」という発想をしない

「ゴミ室の整理をしていると、住民のクオリティがわかりますね」

管理人歴の長い知り合いがこう言っていた。マンションでは誰がどのゴミを出したか、わからない。すると、分別もいい加減になる。これでは、いくら価格が高いマンションでも、本当の意味での「高級マンション」とは言えないだろう。

ゴミの分別が当たり前にできる人は、それだけ環境問題や地球の将来についてしっかり目を向けているといえる。自分だけよければいい、というエゴな考え方ではなく、全体の幸福を意識して行動しているのだ。

たかがゴミ出し一つと、侮《あなど》るなかれ。これからの時代、美しい振る舞いには、こうした意識も大きく関わってくるはずだ。

人との距離を一気に縮めようとしない

概して、焦ったり、あわてたりは品がない。人間関係でも同様だ。もちろん、会った瞬間に互いに好感を抱き、一気に熱い関係になることもあるだろう。

だが、恋愛を別にすれば、一生続く人間関係は、会うたびに少しずつ距離を縮め、理解を深めながら、じっくり育んでいくほうが堅い絆《きずな》になることが多い。

サン・テグジュペリの『星の王子さま』の中に、キツネが星の王子さまに、どうやって人と仲良くなれるかを説明しているところがある。

「一挙に距離を縮めるのは相手に逃げられてしまう可能性が高くなる。それよりも、仲良くなるまでに何度も会い、何度も繰り返し話をする。こうするとしだいに期待に胸がふくらんできて、豊かな気持ちになる」

じっくり時間をかけて何かを熟成させていく姿勢からは、汲《く》めども尽きぬほどの気品があふれ出ることが多いものだ。

意地を張らない

人は「間違える動物」だと考えていたほうがいい。だが、中には、一度言い出したことは、絶対に譲らない人がいる。内心、自分は間違っているかもしれないなと気付いていても、だ。

人から、矛盾したところや疑問点を突っ込まれても、むりやり理屈をこねて、自分の言ったことを正当化しようとする。

ついには、正当化しきれなくなってしどろもどろになったりするが、こんな姿ほどみっともなく、恥ずかしいことはない。

相手と意見が違ったときには、まず「一理あるな」と相手の意見を受け入れてみる。そして自分の間違いに気付いたら、素直にそれを認め、その場で言ったことを訂正しておく。

多少はバツが悪いが、大丈夫。そうした潔《いさぎよ》い態度は、かえって好印象になるものだからだ。

「忙しい」を口グセにしない

口を開けば「忙しい、忙しい」と言う人がいる。本当に忙しいのだろうが、忙しさを自慢するような口調からは育ちのよさは感じられない。聡明《そうめい》な人は、時間処理に長《た》けているものだからである。

どんなにやらなければならないことが山積みになっていたとしても、人間、一度にできることは一つなのだ。手に余るほどやるべきことが重なっているならば、むしろ落ち着いて、一つ一つ確実にこなしていこう。そのほうが、ずっと効率が上がるものだ。

それでもこなせないほどだったら、人を手配して手分けするか、一部を諦め、後日に回すなど、的確な対応をすればいいのである。

ピンチのときに、こうしたコントロールを上手にできるかどうか。人の資質はここで測られる。

「どうにもならないこと」を受け入れる心の強さを持っている

東日本大震災の記憶は今も生々しく、薄らぐことはない。自然は時に、こうした理不尽さで襲いかかってくる。

普段の暮らしでも同じようなことは起こる。難病にかかり「なぜ、私が……」と不遇さを恨《うら》むこともあれば、勤務先が突然、経営不振に陥ったり、一生住もうと思って買ったマンションが問題物件だったりすることもある。

しかし、いつまでも運命を嘆《なげ》いたり、恨んだりしても始まらない。

それらをしっかり受け止め、前を向いて新たに進み出す。人の品格とは、そうした強い精神力の中に息づいているものではないだろうか。

へこたれない。負けない。育ちのよさは、強さからにじみ出る場合も多い。

7章

例えば、手を叩きながら大笑いしない

「表情や雰囲気」で ゆかしさを感じさせる法

いつも内面に笑みを含んだ表情をしている

能面の「小面《こおもて》」を連想させる、そんな表情の持ち主でありたい。これは私のひそかな願いの一つである。

あくまでも和やかで静まり、かといって沈んでいるとか、寂しがっているわけではない、内面に静謐《せいひつ》をたたえ、深く穏やかな笑みを含んだ表情だ。

こうした表情を保つためには、いつも上々の機嫌で、物事をゆったり受け止める大らかな心でいることが求められる。言うまでもないが、こうした心境こそ、育ちのよさを感じさせる源なのである。

顔にキリッとした「緊張感」がある

キリッとした顔というと、きつい表情を思い浮かべる人がいるかもしれないが、そうではなく、ほどよい緊張感を失っていない顔だと理解してほしい。

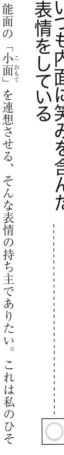

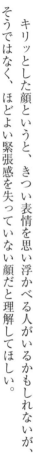

自分で気がつかないうちに撮られた写真を見て、われながらがっくりすることがある。無防備な顔はいかに締まりがなく、だらしがないことか。

日頃から気をつけて鏡をのぞき、自分の普段の表情をチェックする習慣をつけるといい。

表情が豊かである ○

人には喜怒哀楽《きどあいらく》の感情がある。その感情を歯止めなくあらわにするのは品がないが、かといって表情が動かず、何を感じているのか推《お》し量《はか》れないような人にも好感は抱けない。

品性とは、煎《せん》じ詰めれば、その人らしさが素直に表れた生き方、行動などのすべてにあふれる雰囲気を言うのである。

そのときどきの感情の動きを控えめながら、ありのままに、素直に表す豊かな表情の持ち主は向かい合っていても楽しく、心地よい。

特に笑顔のバリエーションが豊かな人には、いっそう強く心引かれる。

◯いつも端然とした表情をしている

表情が豊かだということと矛盾するようだが、心の動揺をすぐに顔に出す人は、人間的に余裕がなく、育ちのよさは感じられない。

端然とした表情とは「思いわずらうことがなく、すっきりと落ち着いた表情」をいう。誰にも悩みもあれば、迷いもある。それを内に収めて、乱れのない表情をしている。清濁《せいだく》併《あわ》せ呑《の》み、酸《す》いも甘いも噛み分ける。

そんな人は、嵐も波風もすべて飲み込んだ大海のような、悠揚《ゆうよう》迫らぬ顔で、淡々と物事をこなしていく。目標にしたい人物像の一つだ。

◯しまりのない顔にならない

アラフォーならぬアラフィフ年齢の女性が、クラス会の写真を見せてくれたことがある。「この人とこの人……は専業主婦でしょ?」とそのうち何人かを指して言ったところ、ズバリ的中だった。

専業主婦が悪いというわけではない。それぞれ、穏やかで柔和な顔付きで、一方、仕事をしている人はみんな、それなりにしまった顔をしている。

毎日の過ごし方はいやおうなしに、表情ににじみ出てくるものなのだ。

毎日、特に緊張感もなく、マンネリ化した生活を繰り返しているだけだと、どこか間延びした、しまりのない顔になってしまう。

「20歳の顔は自然から授かったもの。30歳の顔は自分の生き様。だけど50歳の顔には、あなたの価値がにじみ出る」

ココ・シャネルの言葉だ。

専業主婦でも働く女性でも、サラリーマンでも自営業でも生き方はそれぞれでいい。だが、自分の顔に自信が持てるだろうか。緊張感を持って生きているかどうか。ときどき、鏡に向かってチェックしてみよう。

相手の目をじっと見つめない

向き合って話をするときなどに、キョロキョロ、あたりを見回したりして視線が落ち着かない人は、精神状態が安定していないという印象を与え、どうひいき目に見ても、品格があるとはいえない。

かといって、目の前の相手の顔をじっと見つめ続けるのも異様な感じだ。なかには失礼だと受け止める人もいるだろう。

相手の顔を中心に肩から胸のあたりなど広めの範囲に視線を向け、ときどき、相手の鼻のあたりを見るという向かい合い方をすると、感じがいいもの。この場合も、強い視線にならないように、柔らかく、少し笑みを含むような気持ちを保つようにしたい。

疲れた顔を見せない

このところ、仕事の追い込みで残業ばかり。昨日も持ち帰り残業で、気がついたら朝になっていた……。

そんな日々が続くと、どうしても疲れた顔になってしまいがちだが、その疲れがストレートに顔に出ているようでは、大人の社会人としての自覚に欠けていると言われても反論はできないだろう。

フランスの哲学者アランは、

「幸福になることは、他人に対する義務である」

と言っている。幸福、いい気分、上機嫌でいようと努めることは、まわりの人に対する最低限の心づかいだというわけだ。

アランはまた、

「悲観主義は気分によるものであり、楽観主義は意志によるものだ」

という言葉も残している。鏡の中の顔が疲れていたら、あえて自分に「今日も明るく、元気で頑張ろう」と言葉をかけてみよう。そうすれば自然に表情も生き生きと明るくなる。

こうして、他人に不快な感じを与えないよう、いつも自分をコントロールしていると、しだいに清々《すがすが》しい雰囲気が身についていく。

作り笑いをしない

職業柄、笑顔を絶やさない人はいるが、その笑顔が、心がともなわない作り笑いだと、かえって興ざめしてしまう。作り笑いは相手のことを本当に思っているわけではないことを物語ってしまうことが多く、品位に欠け、非常に失礼であることも自覚したい。

笑顔だけでなく、泣いたり怒ったりを自在に演じ分ける俳優たち。もちろん、役に感情移入するように努めるのだが、心の底から笑顔を浮かべたり、本物の涙を流したりするためには、実際に自分の身の上に起こったうれしかったこと、悲しかったこと、腹が立ったことなどを思い浮かべることが多いそうだ。

人と対話するときは俳優にならって、いい笑顔を浮かべたいならば、うれしかったこと、幸せな思い出を心に浮かべてみよう。

きっと心の底からうれしそうな笑顔が自然に浮かび、相手もうれしく、幸せな気分になるはずだ。

ヘラヘラと曖昧《あいまい》な笑顔を浮かべてその場をごまかそうとしない

相手が真剣に話しているのにしっかり聞いておらず、「キミはこの点をどう思う?」などと意見を聞かれると「いやぁ、別に意見なんか……」と、ヘラヘラと曖昧な笑顔を浮かべてごまかそうとする人がいる。

こういう表情の裏には、物事をしっかり理解できていない、あるいは、その問題に対して責任ある意思や態度を表明できない自分をごまかそうとする心理が働いていて、けっして好印象は与えない。

わからないなら「わかりかねます」、まだ、判断ができないのなら、「もう少しお時間をいただきたいのですが……」などと、そのとき、自分ができるベストな返事をするようにしよう。

ヘラヘラ笑顔でこの場をしのごう、ごまかそうという心根はなんとも品がなく、信頼感にも欠け、結果、誰からも相手にされなくなってしまう。

イライラや不満を顔に出さない

○

レストランなどで、少し待っただけで注文した料理が出てこないと、すぐにイライラし始め、キョロキョロまわりのテーブルを見回し、「あのテーブルよりもこっちのほうが早く注文したのに……」などと言い出す人がいる。

よほど待たされた場合は別だが、店は店なりに、できるだけお客を待たせることがないよう、段取りをつけて進めているはずなのだ。そうした事情をおもんぱかる気持ちの余裕は持っていたい。何事につけても、急ぐ、あわてるという行為には品性が感じられないことが多いのだ。

顔にこそ出さないものの、テーブルをコツコツ指で叩いたりすることも、いかにも催促がましい印象になり、あなたのイメージを大きくダウンさせる。

寝起きの顔はできるだけ人に見せない

○

昔の女性は、夫に対しても、寝起きの顔を見せないのがたしなみだと躾《しつ》けられていたそうだ。朝は夫より早く起きて手早く顔や髪、身支度を整えてから夫を起こすのが妻のたしなみとされていたのだ。

たしかに、寝起きの顔はまぶたが腫《は》れぼったかったり、顔がむくんでいたりして、あまり人に見せたいものとは言えない。

親しき仲にも何とやらで、夫や彼より少し前に起き、洗顔してしゃんと目を覚まし、ごく軽くメイクをすませた顔で「おはよう！」と言うと、可愛い中にも品と聡《そう》明《めい》さを窺《うかが》わせる。

本物の〝女子力〟とは、こうした気配りができることを言うのではないか。

晴れやかで可愛らしく、しかも品のいい笑い方ができる

女性に人気が高いあるファッション雑誌では、表紙のモデルは必ず、口角《こうかく》がキュッと上がった笑顔の持ち主を選んでいるそうだ。顔かたちが整った美人か否かよりも、可愛く、晴れやかで、しかも品のある笑顔のモデルでないと人気は出ないというのだ。

鏡の前で笑ってみるとよくわかるが、口角が下がっていると、なんとなく不機嫌そうな表情や、だらしない印象になってしまう。反対に、口角がキュッと上がっていると、それだけで表情が華やぎ、健康的で明るい印象になることに気づくと思う。

口角がキュッと上がった笑顔は日頃の心がけ一つで、身につけることができる。ときどき、意識的に

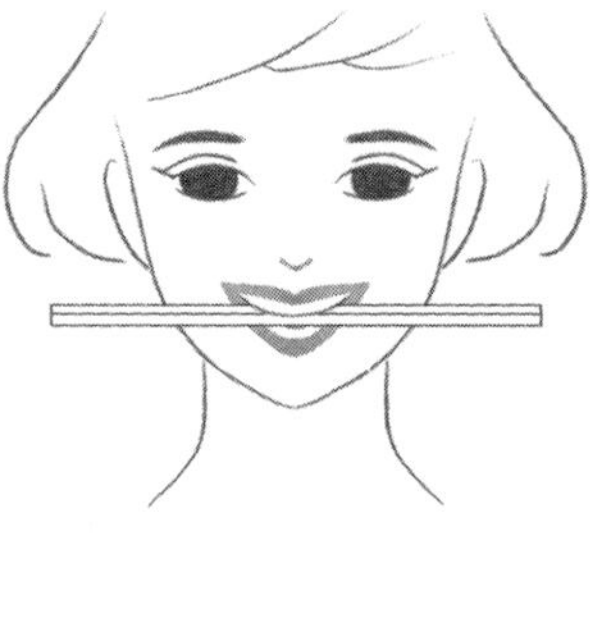

口角をキュッと引き上げるトレーニングを行なうのだ。

割り箸を用意し、箸2本分を割らないまま、横にした箸をできるだけ奥深くでくわえて力を入れ、口角を横に開くようにし、割り箸より口角が上がるようにする。この状態を3~5分キープする。これを朝晩行なうと効果的だ。

科《しな》を作らない

「科を作る」とは、もともとは「人に気に入られるために、おべっかを使ったり、あえて下手に出るような行為」を言ったが、近年ではもっぱら、女性が男性に気に入られようと体をくねらせたり、色目を使うような場合に使う。

クラブのホステスなどはよくこうするが、それはあくまでも職業上のテクニック。一般の女性が見様見真似で〝科を作って〟も、品が悪いだけで、嫌われることはあっても、好意を持たれることはまずないと思っていたほうがよい。

体をくねらせたり、相手にすり寄ったりするよりも、慎《つつ》ましやかに、でも、ごく自然に、心のままに、素直に大らかに振る舞う女性のほうがずっと魅力的だ。見る目のある男性ならば、間違いなく、こんな女性に心を引かれるはずだ。

ちょっと叱られたくらいで仕事中に泣き出したりしない

◯

上司にきつい口調でミスを注意された。こんなとき、突然、涙をぽろぽろと流す人がいる。

「申し訳ありません。私、ちっとも役に立っていないですね。情けないです」と殊勝《しゅしょう》なのは口先だけ。本心では、女性の涙は、武器になることを知り尽くしていると言わんばかりの態度だと思えてならない。

女性の涙と書いたが、最近は男性でも公的な場で号泣する人もいると聞く。だが、涙はあくまでも私的な場で、それもひっそり流すほうが美しく、育ちのよさを感じさせるものであることをわきまえよう。

まして仕事中に、それもミスを指摘されたからといって泣き出すのは、言語道断《ごんごどうだん》である。その程度の意識で仕事をしているなんて、「社会人失格」と言われても仕方がない。

手を叩きながら大笑いしない

お笑い芸人によるオーバーアクションの影響なのか、なぜか手を叩きながら大笑いする人が増えている。

飲み会や合コンなどシチュエーションによっては、みんなで手を叩きながら笑っているとき、1人、つくねんとしていると「ノリが悪い」とか「重い」などと思われてしまう可能性もあるが、一般的には、手を叩きながら笑うのは育ちがいいとは言えない行為だ。

また、明るく笑うのと、必要以上に大笑いするのとでは、ニュアンスも印象もまったく違う。

そもそも大笑いは概して、品がいい笑い方だとは言えないケースが多い。何事も、オーバーな身振り手振り、大きすぎる声は、育ちのよさとは対極にあることも知っておきたい。

◯ 人に気を使わせない

少し前の話だが、こんな経験をしたことがある。

ある外資系企業の社長インタビューの席で、何度か鼻水が出て、その都度、ハンカチで鼻を押さえ、弁解がましく「風邪をひいてしまい……」と口に出したところ、社長いわく「私もそうですが、薬でちゃんとコントロールしています」。

この社長の言うことが正論かどうかは意見の分かれるところだろうが、人前でだらしないところを見せたり、何度も咳《せき》をして「風邪をひかれたのですか？　大丈夫ですか？」などと、相手に気を使わせるのは配慮に欠けると言われても仕方ない。

立場を変えれば、相手が風邪ぎみだと感じ取ったら、「熱いお茶をお持ちしましょう」と気づかうか、エアコンの温度を上げるなどの配慮を示したいものだ。

気を使わせないのもマナーなら、相手の様子を見て気づいたことがあったら、細やかな心づかいを見せるのもマナー。

きちんとした大人とは、尽きるところ、「相手に対する心づかいを行き届かせられる人」だということだ。

「喧《けん》嘩《か》っ早いのは損」と知っている

人通りの盛んな商店街などで肩が触れたぐらいのことで烈火のごとく怒り出したり、行列に気がつかないで、うっかり〝割り込んだ〟人に大声をあげたり。いわゆる〝喧嘩っ早い〟人は、じつはあんがい小心で臆病《おくびょう》だったりするものだ。

喧嘩をしている人を客観的に見ていると、これ以上、ばかばかしいことはないと気づくものだ。お互いにエネルギーを消耗《しょうもう》するし、分別も何もどこかにすっ飛んでしまい、ただ醜《みにく》く、品性下劣。

喧嘩を売るのはむろん悪いが、「売られた喧嘩」を買うほうも買うほう。喧嘩をすると、仕掛けたほう、仕掛けられたほうとも罰する「喧嘩両成敗《りょうせいばい》」の意味がよくわかる。

喧嘩っ早いという自覚がある人は、メラメラッときたら「1から10まで数える」など、こみ上げてきた感情を抑える方法を身につけよう。

相手の非を穏やかに、しかしきっぱりと注意できる

行列に並んでいたら割り込まれた。うっかりであろうと意図的であろうと、間違いは間違い。気づいたならば、きちんと注意したいもの。

こうしたシチュエーションで、毅然《きぜん》と、かつ穏やかな言葉や口調で注意を促《うなが》すことができる人は素晴らしい。たとえば、行列の割り込みならば「みんな、並んでいるんだよ」と言うのではなく、「最後尾はあちらですよ」と言う。

明らかに相手に非があれど、相手を怒らせる注意の仕方は品がないと心得よう。

逆ギレしない

「キミにも問題があったんじゃないか」。得意先でトラブルがあったので、上司にそう報告したら、こちらの対応にもまずい点があったのではないか、と言われた。

それだけのことで「課長はなぜ自分の部下を信用できないんですか。普段の私を

見ていてくれれば、そんなことはないとわかってもらえると思うんです！」などと、すぐにいきり立つ人がいる。

はっきり言わせてもらおう。たかがこの程度のことで、すぐに逆ギレするような部下だから、得意先でも失礼があったのではないかと心配なのだ。

逆ギレは、自己中心的な性格の表れで、品位とは真逆の印象を与えるだけだ。相手の言葉を最後まできちんと聞き、その言葉を一度、しっかり嚙み締めるようにすると、しだいに逆ギレを抑えられるようになっていく。

えらそうな素振りをしない

人前で、部下につまらないことで小言を言ったり、「これでも、私、一応部長をしておりまして……」などと、差し出された名刺を見ればわかるような、わざわざ言わなくてもいいことを口にする。

つまり「自分はえらいんだ」と見せつけなければ気がすまないのだ。内心、得意なのだろうが、傍《はた》から見ていると滑稽《こっけい》でしかないし、何より品を感じない。自分の力や地位はむしろ誇示しないほうが、相手にちゃんと伝わるものだ。

独り言でも、言葉づかいが汚くない ○

デスクワークをしていたら、近くから「クソッ!」「……ンだよ!」と独り言が聞こえる。思わず顔を向けると、普段は礼儀正しい後輩が、何かミスでもしたのか、パソコンの画面を見ながら自分自身に悪態《あくたい》をついていた……。

ふとしたときに、その人の残念な地金《じがね》を垣間見てしまうことほど、ガッカリすることはない。普段、感じのいい人の場合はなおさらだ。

育ちのいい人とは、どんな状況でも礼節を失わない。礼節が本質と化していると言いたいほど、深く身についている人を言うのである。

8章 「会話」じょうずは話材以外が9割

例えば、テーブルサイズの会話ができる

ゆっくり、はっきりしゃべる

声や言葉は相手への贈り物。そう考えて話すと、聞くほうも心地よく穏やかな気持ちになる。これが気品のある話し方の極意だといえよう。

心がけるべきポイントは「ゆったりとしたリズムで」「美しく響く言葉を選び」「柔らかな調子で」の三つ。ゆっくり話すことは相手に、考えをまとめる気持ちの余裕を与えることに通じ、思いやり深い会話になる。

鼻にかかった声で話さない

鼻にかかった声で話すと「可愛い」「女らしい印象になる」と思っているとしたら、勘違いもいいところ。「アタシって……」などと自分中心の話し方も、幼稚で下品に聞こえるだけだ。

声はある程度、生まれ持ったものだが、発声法や話し方しだいで印象は変えられる。エレガントで感じのよい声とは、取り繕《つくろ》った声ではなく、自分自身の声。声帯に負担がかからない発声を心がけると、相手に深く響くよい声になる。

○ 電話をかけたら「今、お時間よろしいですか？」と言える

携帯電話の時代になって、電話をかけるタイミングなどはかなり自由になった。とは言っても、相手の様子が見えないのは同じ。

相手が出たら「今、お時間よろしいですか？」とひと声かけると行き届いた印象を与える。

逆に自分が出た側で、忙しくて時間に余裕がないときは「10時には出かける予定があります」とか「5分程度なら」と、こちらの都合を伝えたい。

時間は人生で最も貴重なものの一つ。お互いの時間を邪魔したり、無駄にしたりしないことは、聡明で品位を感じさせる生き方の基本だといえる。

◯ ネガティブな話題や言い方は避ける

いい言葉は人をいい人生に導くものだ。ネガティブな話題や言葉は話し手だけでなく、聞き手の気持ちまで沈ませ、力を奪ってしまう。同じことを言うのでも、たとえば「自分勝手な人」だったら、「自分の意思をしっかり持ち、貫く人」というように、ポジティブに言い換える機転を持つようにしよう。

育ちのいい人は、けっして他人を不快な気持ちにさせないものだ。

◯ テーブルサイズの会話ができる

「テーブルサイズの会話ができるかどうか」は、ヨーロッパのセレブの間では基本的な要件とされている。

「テーブルサイズの会話」とは、テーブルを囲んでいる人、つまり、自分が今向き合っている人にだけ届く会話のこと。目の前のテーブルを越えて、隣のテーブルにまで届く声で会話するのは品がないだけでなく、周囲への配慮に欠けるマナー違反ともされている。

くだいて言えば、必要以上に大声を出すことはしたないということだ。

盛り上がるのはいいけれど、興奮するにつれて、声のボリュームもアップしていませんか？

流行り言葉をやたらに使わない

2019年の流行語大賞にノミネートされたのは「上級国民」「タピる」「にわかファン」など。こういう言葉を会話に取り入れないと「古くさい」「アナログ」「時代遅れ」と思われると勘違いしている人は、あんがい多い。

だが、いい年をした大人が流行り言葉を使うのは軽佻《けいちょう》浮薄《ふはく》な印象を与えるだけで、あまり品は感じられないことを知っておこう。

ちなみに、流行語大賞（現在の正式名称は、ユーキャン新語・流行語大賞）とは1984年、自由国民社がその1年間に発生した「ことば」の中から、世相を軽妙に映し、話題になった新語・流行語を選び、その言葉に関わった人物・団体を顕彰《けんしょう》するものだ。

○ 擬音《ぎおん》はできるだけ使わない

「キキキーッとブレーキをかけたんだけど、ド・ド・ドーンと壁に突き当たっちゃって、ガーン、一巻の終わりよ」

擬音を取り交ぜた話し言葉はリアルさが感じられ、生き生きした印象を与える一方、あまり品のよさを感じない。昔から、臨場感を大事にする演芸場などで行われる講談や漫談によく使われた表現だからかもしれない。

アナウンサーが読むニュース原稿には、擬音はほとんど登場しないことに注目しよう。擬音を使わなくても、リアルな表現は可能なのだ。

○ 語尾を伸ばさない、ぼかさない

「私って……だしぃ」とか、「あのぉ、この間の企画についてなんだけどぉ」などと、語尾を伸ばすクセがある人は多い。女性はそのほうが柔らかな印象になり、人に好かれやすいとでも思っているとしたら、大間違い。こういうしゃべり方はだらしなく聞こえるだけだ。

また「私としてはいいと思うんですけどぉ……」などと意味もなく語尾をぼかすと「イエスなの？　ノーなの？」と相手にいらぬ気を使わせる。発言の責任を回避しているようにも聞こえ、目上の人や取引先などに使えば、いっぺんでマイナス評価をされてしまう。

だからと言って、「はい、○○ですっ」「わかりましたっ」と語尾に力を入れると切り口上のような印象になり、これはこれで品を損なう。

「うけたまわりました」「はい、そういたします」と自然なトーンで、しかし、語尾まではっきり相手に聞こえる話し方がいちばんよい印象を与えることを、改めて肝《きも》に銘《めい》じよう。

「マジ」「ガチ」「ヤバイ」などの言葉を使わない

「え、それってヤバくない?」

「でも、ガチでいくんだって」

「マジで?」

街中やカフェなどで、こんな会話が聞こえてくることは珍しくない。だが、「マジ」「ガチ」「ヤバイ」などは、いわゆる俗語で、まっとうな大人が使う言葉だとは言えないし、育ちのよさはみじんも感じさせない言葉だ。

普段、こういう言葉を使っていると、勤務先などでも、うっかり口に出してしまう可能性がある。きちんとした社会人に見られたいと思うなら、普段から禁句にしたほうがいい。

品性ある大人でありたいなら、どんな場合も、誰に聞かれても恥ずかしくない言葉づかいで話すことだ。

丁寧だからと「お」や「ご」をつけすぎない

「おビールでもいかがですか?」「こちらにお示ししましたように……」などは、よく耳にする表現だ。本人はていねいな上にもていねいに、と心を込めたつもりかもしれないが、これはオーバー敬語というより敬語の誤用である。

何事につけても「やり過ぎる」ことは、品位に欠けることを知っておこう。

一方で、女性の場合は、次にあげる言葉には「お」や「ご」をつけたほうが品よく聞こえるようだ。

「お金」「お茶」「お化粧」「お芝居」「お昼」「お酒」「お米」「お砂糖」「お茶碗」「お菓子」「お鍋」「お皿」「お料理」「お召し物」「お風呂」「お名前」「お住まい」「お話」「お洋服」「ご自宅」「ご住所」「ご主人」「ご子息」「ご希望」「ご来賓《らいひん》」「ご卒業」「ご入学」……など。

一方、コーヒー、ビール、ワインなど外国語だった言葉には、原則として「お」や「ご」はつけないほうが正しく、品よく聞こえる。

知識をひけらかさない

楽しく、気軽なおしゃべりを楽しんでいるときのこと。急に「それって、まるで『バーナムの森』だよね」などとみんなには通じないことを言い出し、全員がポカンとしていると「『バーナムの森』って、シェイクスピアの『マクベス』の有名なシーンじゃない。え、知らない?」などとまわりをしらけさせ、さらに『バーナムの森』についてひとくさり説明する。

こういう行為は、本人は豊かな知識を披露していい気分なのかもしれないが、客観的には滑稽《こっけい》なだけ。聞かれもしないのに知識をひけらかすことは、人間を薄っぺらに見せ、もちろん育ちのよさも知性のカケラも感じさせない。

世阿弥《ぜあみ》の言葉に「秘すれば花」がある。日頃は内に秘めているからこそ、品性ある人格、本物の教養といえるということを意味した言葉である。

日常会話で「儲かった」「得した」「損した」といった言葉を使わない

○

「買い物したら、こんなおまけがついてきたの。儲かっちゃった！」

「へぇー、うまいことやったじゃん」

こんな会話を耳にすることは結構多い。当人はそんな気はないのだろうが、普段の会話で「儲かった」とか「損した」という言葉を使うと、それだけで品がなくなってしまうものだ。

「儲かった」「損した」という言葉は株式や投資などに使う言葉。ちょっとした買い物などにこれを使うと、何でも損得で考えている人なのだという印象を与えてしまうからだろう。

予想以上にいい買い物だったというような場合は、「ラッキーだったよ」「すごくいいお買い物ができたの」などと言うと、スマートかつエレガントだ。

○ やたらに英語を挟んだり、本格的な発音をしたりしない

「リベンジ」とか「レジェンド」、「グッジョブ」など、普段の会話に英語表現がどんどん入ってくる時代だ。ほとんど日本語化している〝英語〟については、まあいいだろう。

しかし、中には「take over（引き継ぎ）はしっかりしてくれよ」とか「うちのfounder（創業者）は東北出身で……」などと日本語で十分なところをわざわざ英語で言い換えたり、会話中の英語をまるでネイティブのように発音したりするのは、語学に堪能《たんのう》なところをひけらかそうとする気持ちが見え見え。これ以上、品位を欠くことはないものであることを肝に銘じよう。

もっとひどいのは、「サンキュー」を「センキュー」と言ったり、「ウォーター」を「ワラー」と言うような〝デタラメネイティブ風〟の話し方だ。品がないことは言うまでもなく、バカ丸出しだと思われても仕方がない。

親の職業や、実家が裕福なことを会話中にアピールしない

しのぶれど色に出にけりわが恋は　物や思ふと人の問ふまで　平兼盛《たいらのかねもり》

こんな歌が『拾遺集《しゅういしゅう》』にある。どんなに心に秘めていても恋心は隠しきれず、人に気づかれてしまうものだという意味だが、育ちのよさについても同じようなところがある。

本当に育ちのよい人は、親の社会的地位だとか、実家が裕福だったということを口に出さない。それを「つい、うっかり」と言いながら、じつは確信犯的に会話に挟むのはけっして上品な育ちとはいえない。

人の感情の中で最もメラメラと燃えるのは嫉妬《しっと》心だ。親や実家のことをひけらかすのは、自分から嫉妬心を煽《あお》っているのと同じ。職場などで浮いたりしても、自業自得というものだ。

「知り合い自慢」をしない

◯

「あ、私、その人のこと、よく知っているわ」

有名人の話題になると、必ずといっていいほど、こう言い出す人がある。よく聞くと、行っている美容院が同じ。でも、会ったことはなく、美容師から「けっこう気さくな人よ」などと噂話を聞いた程度だったりすることが多い。

仮によく知っているとしても、著名人を「知っている」「遠縁なの」というような話題は〝トラの威《い》を借るキツネ〟。あまりほめられた行為とはいえない。

出身校の自慢をしない

◯

有名大学出身であることはたしかに素晴らしいし、誇りだろう。偏差値が高いことだけでなく、これまでに輩出した先輩の活躍やスポーツなどの戦歴、何より楽しかった学生時代の思い出などは、人生の大きな宝の一つだと言ってよいとさえ思う。

だからと言って、「私はほら、福澤諭吉の門下生だから」とか、「白雲なびく駿河台……をさんざん歌ったものですよ」などと創設者の名や校歌などを会話に挟み込み、あからさまに、有名大学の出身であることをわからせようとするのはいじましく、品性に欠ける。

出身校愛は自分の胸の内だけ、あるいは、同窓会などで大いに噛み締めたい。

人が話しているのにかぶせて話そうとしない……◯

何人かで会話しているとき、誰かがまだ話しているのに、遮《さえぎ》るように「でも、私は違うと思うわ。なぜかって言うと……」などと反対の意見をまくしたてたり、「◯◯といえば、こないだもね……」などと自分の話に持っていったり。「話し上手は聞き上手」の逆を行くタイプの人も多い。

いい大人なので、その場では誰も指摘してくれないかもしれない。が、これは話を遮られた本人だけではなく、まわりで聞いている人をも不快な思いをさせていることに気づこう。

「私が、私が」という態度に育ちのよさはまったく感じられない。思い当たるふしがある人は重々気をつけたい。

「話す」より「聞く」ほうが得意だ ◯

「話し上手とは聞き上手な人のことだ」ということはよく知られている。だから、できるだけ「聞く」ことに徹していると言っていても、録音をしてみるとわかるが、たいていの人は7～8割方、自分の話ばかりしているものだ。

そして、こうした話し方を改めて聞いてみると、自分の対話がいかに品位に欠けたものであるかを痛感させられる。

できるだけ相手に気持ちよく話してもらうには、相手の話の内容に応じてうなずいたり、あいづちを打ち、相手の話に聞き入っていることを印象づけるようにすることが肝要だ。

また、相手の言葉を繰り返す、いわゆる「オウム返し」もいい。たとえば、相手が「昨日、横浜の中華街に行ったんです」と言ったら、「中華街？　楽しかったでしょう？」などと返して会話を続けていく……と、相手は気分よく話し続け、聞き手のあなたに好感を抱くはずだ。

気まずい沈黙にならないよう気の利いた話題を提供できる

出会って間もない相手と何を話していいのかわからなくて、気まずい沈黙が続く。そんなとき、さりげなく、重くもならない話題を提供してくれる人がいると、なんと気が利く人だろうと感心することがある。とっさの場面で、相手がほっとするような気働きができることも、品格、クオリティを測る基準の一つであろう。

話題に詰まったときに、役立つのが「きどにたてかけし衣食住」。なんだか〝判《はん》じ物〟のようだが、これは、会話を弾ませる話題の頭文字だ。

「き」は季節・気候に関する話題。「だいぶ春らしくなりましたね」などと話しかけると、相手は「この春には子どもが幼稚園に入るんですよ」などと応じ、話はどんどんほぐれていくことが多いのだ。

「ど」は道楽・趣味。「に」はニュース。「た」は旅。「テ」はテレビ。「か」は家族。「け」は健康。「し」は仕事。「衣食住」は文字どおり、おしゃれやグルメ、住まいに関する話題である。

○ 知らないことは「知らない」と素直に言える

自分は無知であることを自覚することが真の知性である、というソクラテスの「無知の知」を持ち出すまでもなく、誰だって知らないことはたくさんある。いや、知らないことのほうがずっと多いはずだ。

たまたま、話題が沸騰しているとき、知らない事実や言葉があった。こんなとき、あなたはどんな態度を取っているだろうか。

人前で「自分はそれを知らない」と口にするのは恥ずかしい。だから、知らないまま、曖昧《あいまい》にうなずいているという人が大勢を占めるかもしれない。

だが、こうしたとき、「私、○○のことはよく知りません。恐れ入りますが、ちょっと教えていただけますか?」と率直に言い出せる。そんな人は、ソクラテスではないが、「知る」ということの真実がわかっていて、態度や姿勢にも静かな気品をたたえているものだ。

よくわからないまま、曖昧にうなずいたり、知ったかぶりでとんちんかんな応答をしているほうがずっと恥ずかしいことに気づきたい。

〇 口がかたい

「まだ、誰にも言うなよ。完全に決まったわけじゃないのだから」などと口止めされたことでも、つい、誰かにしゃべってしまう人がいる。その繰り返しで、気がついたときには、秘密の話のはずが広く知れ渡っている……ということは珍しくない。

この場合、もちろん、最も責任があるのは「まだ、誰にも言うなよ」と最初に口を割ったご当人だ。「誰にも言うな」という話は、自分が口を閉ざす以外に、秘密は守れないものと考えていたほうがいい。

それを聞いて、つい人に話してしまう人も大いに恥ずべきだ。「口がかたい」ことは、育ちのよしあし以上に人間的な質を問われているのだと言えよう。

○できるだけウソはつかない

しまった！　うっかり目覚まし時計を止めてしまったらしく、起きたときにはもう大遅刻の時間だった……。

こんな絶体絶命の状態のとき、「すみません。車両事故で電車が遅れてしまって」などとウソの電話を入れたことはないだろうか。こういうウソはたいていすぐにバレるものだ。最近はスマホですぐに事実を検索できる時代。「私も同じ路線を使っていますが、今日は遅れはなかったですよ」と指摘されることもある。

寝坊したと言いにくい気持ちはわからないではない。だが、ありもしない車両事故というようなウソをつくと、後々の信頼にも関わってくる。第一、自分のミスを電車の事故に置き換えてごまかそうとする魂胆《こんたん》は卑怯だし、けっして育ちがよいとは感じられない。

私は、絶対にウソはつかない、と雁字搦《がんじがら》めになる必要はない。時には、相手を救うやさしいウソもあるからだ。

できるだけウソはつかない。でも、相手のためになら、やさしいウソをつくこともある……。

ウソとは、こんな感覚で付き合っていきたいものだ。

「～のヤツ」「～とか」「～のほう」を乱用しない ◯

よく「そこの赤いヤツ、取って」とか「俺、この黒いヤツが好きだな」などという言葉を耳にすることがある。

本人は何の気なしに使っているのだろうが、傍で聞いているとまことに品がなく、どんなに仕事ができる人でも、好感は抱けない。

「そこの赤いファイルを取っていただけますか？」

「私は、この黒いシャツのほうが好きだな」

のように、きちんと物の名前を言うべきだ。

同じように「～とか」の乱用や「コートのほう、お預かりいたしましょう」のような「～のほう」の誤用も聞き苦しい。

◯ 何かを聞かれたときに「別にぃ」という受け答えはしない

「別にぃ」は反抗期の子どもがよく口にする言葉だ。社会人などいい大人が、何を聞かれて「別にぃ」と返せば、品性どころか、まともに向き合う価値はないと思われても仕方がない。

言うまでもないだろうが、「別にありません」「別にいいです」……なども同じこと。聞かれたことには自分なりの誠意ある返事をするのが、大人としての最低限の気構えだと心得よう。

9章

近くても遠くても心地よい「お付き合い」の核心

例えば、人の噂話で盛り上がらない

◯ お金や権威の有無に関係なく人と接することができる

ある有名女優の話だ。作家や監督、富裕な後援者の前ではエレガントの極みというように振る舞っているのだが、付き人には「これが同じ人?」とびっくりするような邪険《じゃけん》な振る舞いや乱暴な物言いをする。

お里が知れるだけでなく、こういうことはちゃんと知れ渡っていくことを、まず、心に留めておこう。

邪険な態度や横柄《おうへい》な物言いは人を幻滅させるが、それ以上に、相手によって態度を変える品性のなさに人は興ざめするもの。こんなことを繰り返せば悪評が立って、やがて誰も寄りつかなくなってしまうだろう。

◯ 初対面の相手に、年齢・職業・地位を聞かない

出会ったばかりなのに、「おいくつ?」とか「どちらへお勤めですか?」などと

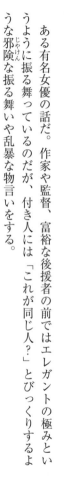

聞くのは失礼千万だ。

江戸では「三脱の教え」といって、「初対面やそれほど親しくない人に年齢・職業・地位を聞かない」と戒《いまし》めていた。

「問わず語り」といい、何度か会い、親しくなるにつれて、そうしたことは相手の口から自然に伝わってくるものだ。

○ 他人の育ちのよしあしを気にしない

人の噂話を好んでする人は、それだけで人柄に「?」マークが灯《とも》ってしまう。ましてや、

「お嫁さんの実家は有名な旧家だそうよ」

「彼は母1人子1人。お母さんは女手一つで、彼を育てたんだって」

「へぇー、格差婚だね。うまくいくんだろうか」

などと、人の育ちをあれこれと詮索《せんさく》するのは、はしたないことこの上ない。心して慎むようにしたい。

きちんと挨拶ができる

朝、あなたは家族に「おはよう！」と挨拶しているだろうか。「ありがとう」「ごめんなさい」「いってらっしゃい」「ただいま」……。普段から、こうした挨拶をきちんとしているかどうか、一度、振り返ってみるといい。「家では挨拶なんかしないけど、外に出ればちゃんとやるから」という言い訳は通用しない。一事が万事。普段の習慣は必ず、外でも顔を出すものだ。

挨拶は人間関係の潤滑油。「挨拶よければすべてよし」の言葉もある。小さなことでもちゃんと「ありがとう」と言っているかどうか。特に、部下や後輩など目下の者にもちゃんと挨拶ができているか。ときどき、自己チェックしてみよう。

挨拶を真正面で受けている

訪問先や上司、得意先との挨拶は言うまでもないが、普段、親しい人と挨拶するときなど、きちんと相手に向き合って挨拶しているだろうか。

首をひねって顔だけ相手に向けるのも失礼だが、もっとひどいのは顔さえ向けない。そんな挨拶はいかにもおざなりな感じになる。挨拶を受ける場合も同じことだ。ほどよい距離感をもって近づき、相手に体をきっちりと向けて、軽く頭を下げて挨拶すると、感じよく品もいい。

「暑い」「寒い」を感じるまま口にしない

口を開けばグチか不満、という人がいる。たとえば「寒い、寒い」と言う人は寒がりなのかというと必ずしもそうではなく、暑くなると、今度は「暑い、暑い」と言い出す。

要は、思いどおりにならないことはすべてが不満、というタイプなのだ。

そのうえ「寒い」「暑い」と不満を口に出すと、まわりが「エアコンの温度を調節しなければ……」などと気を使うことはいっこうに意に介さない。はっきり言えば、子どもっぽく、人間として成熟しきっていない、未熟な人なのである。

育ちのいい人は、人前で自分勝手な感情をもろに出すようなことはしない。寒いと感じたら、そっと1枚、何かを羽織るなどして静かに対処しているものだ。

嫌いな人、合わない人とも穏やかに付き合える

不思議なことに、けっして悪い人ではないとわかっているのだが、なぜかウマが合わない人がいる。「相性」というものなのだろう。

学生時代なら、そういう人とは付き合わなければそれですむが、大人になると、そうもいかない。得意先の担当者がムシの好かないヤツだったり、付き合っている相手の親が苦手なタイプだったりすることもあるからだ。

そんな場合、どことなく相手にその気持ちが伝わってしまうような振る舞いや表情しかできないようでは、聡明な大人とはいえない。どんなに苦手な人とでも、平静に、穏やかに向き合える。これが、成熟した品格を備えた人間のあり様だ。

苦手な人と対するときは、できるだけ相手のいいところを見いだすように努め、話一つするのでもていねいに耳を傾けていると、しだいに苦手意識が薄らいでいくようだ。

「北風と太陽」ではないが、こちらが心を開き、温かな心を向ければ、しだいに心

が通い合うようになることは、けっして珍しくない。

「こちらこそ、ごめんなさい」が言える

往来で大きな荷物を持った人と、すれ違いざまにぶつかってしまった。むろん、ぶつかったほうが謝るが、このとき、ぶつけられたほうも、とっさに避けられなかった私もうかつでした、の意を込めて「いえ、こちらこそすみません」と謝る。するとぶつけてしまったほうの気持ちの負担が軽くなり、人付き合いが円滑になる。こういう謝り方ができる人に会うと、心が洗われるように感じる。

相手の欠点をポジティブに解釈できる

誰にでも欠点の二つや三つ、いや、数えあげればいくつもあるものだ。だが、それらは言ってみれば、その人の特性だ。特性にはいい面もあれば、悪い面もある。

たとえば、話を半分も聞くと、もう行動を起こしている人はリアクションが速く、行動力があるという反面、あわて者、そこつ者とも言える。反対に、ゆっくり行動に移す人は、グズでのろまだと言うこともできれば、じっくり慎重派だと言うこともできる。

物事は何でも、表もあれば裏もある。夫婦でも親子でも、もちろん仕事仲間でも友達でも、それぞれの特性をできるだけいい面から見ることができる人は、器が大きく、ゆったりとした余裕や品格を感じさせる。

欠点が先に目に入ったら、それをひっくり返して、ポジティブに見るように努めよう。この視線が身につくと、自分自身への評価もポジティブになり、自信を持てるようになり、何をするにも明るく、前向きに過ごせるようになるはずだ。

人と話すとき、腕組みをしない

人の話を聞くときに、腕を組んだままの人は意外に多い。他意はなく、クセなのかもしれないが、傍目には傲慢《ごうまん》に見え、もちろん品があるとは言えない。

腕を組む、足を組む、相手に対して斜めに座るなどの姿勢は、心理学的には「クローズドポジション」といって、暗黙のうちに、相手を拒絶する気持ちを表すもの。反対に「オープン・ポジション」とは、相手と正面で向き合い、足をやや開き、手は膝に軽く置く姿勢を言う。柔らかに相手を受け入れる雰囲気になる。

イヤホンを付けたまま会話をしない

ちょっとした挨拶程度だし、よく知っている人だからわざわざイヤホンをはずさなくてもいいだろう。そう思っているかもしれないが、これは相当に失礼な行為だ。

イヤホンをはずして相手に向き合うというひと手間を惜しんだ結果、相手は自分が軽んじられていると感じ、あなたに×印をつけてしまう。

◯人前で何度も時計を見ない

仕事の打ち合わせなどでは、あらかじめ「本日は何時くらいまでよろしいですか？」と相手の都合を尋ね、途中、さりげなく時間を見ながら、持ち時間内に用件を終わらせるように段取りよく進めていくのが気配りというものだ。

プライベートで楽しくおしゃべりしているときも、何度も時計を見たり、何かと時間を気にするのは品がない。

都合があるなら、「今日は、○時頃には失礼させていただかなくてはならないの」とあらかじめ告げておくと、スマートで品のよい時間管理ができる。

◯マナーを守ろうとするが、気にしすぎない

マナーはもともと、まわりの人に不快感を与えないようにという配慮と、自分自身も心地よく、過ごしやすいことを両立させる方法をベースにしている。茶道のお点前《てまえ》などはその典型。型や様式を追っているようで、一見、面倒くさそうだが、じ

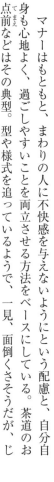

つは合理的でスムーズな流れにのっとっているものなのだ。

また、その時々の条件や状況によって、臨機応変に変えられることもマナーのうち。決まった方式や型にとらわれるのは応用が利かないことを暴露《ばくろ》するだけで、逆に人として器の小ささを感じさせてしまう。

型の裏には、必ず心があることも忘れたくない。その心を汲《く》み取れば、その先、型を崩しても礼を失することにはならないことも知っておこう。

汚い名刺や折れた名刺を出さない

○

名刺は初対面の相手に渡す、最初の挨拶だ。ここで、自分の印象が決まるといってもいいくらいである。折れたり、汚れたりした名刺を渡すのは、みずからイメージを下げたいと思っていると言われても反論できまい。

「名刺を切らしていまして」も社会人失格だ。得意先に出かける前には、必ず名刺入れをチェックして、出先で偶然、誰かに紹介してもらうというような機会があっても、十分、対応できるだけの名刺を用意しておこう。

特に、出張、パーティなどの前は名刺の量が十分かどうか、必ずチェックしよう。

FAXやコピーなどの書類は裏返しで渡す

FAXやコピーなどには重要な情報が記されていることもある。持ち歩くときは、表面が無防備に人目に触れないように情報掲載面を内側にする。相手に渡すときも、同じ理由で裏面を上にして渡すか、タイトルを示す紙があればそれを一番上にして渡すなどの配慮がほしい。

こうした行き届いた心づかいは、見ているだけでこちらの気持ちを満たしてくれるものだ。

反対に、「○○の資料をコピーして持って来てくれないか」と頼まれた場合は、間違いなく○○関係の資料であることがわかるように、表題のほうを上面にし、相手の目に正しく映るように上下を整えて手渡すのが心づかいというものだ。

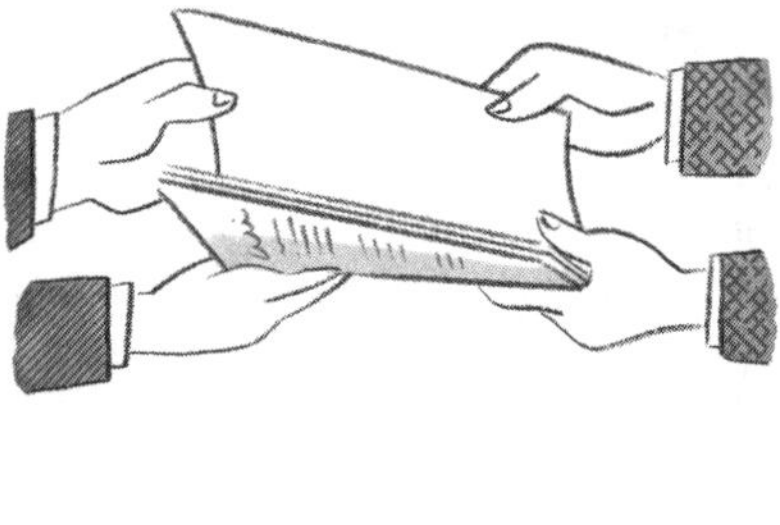

○

他人の持ち物や洋服の値段を聞かない

友人や知り合いが目新しい、素敵なカバンや時計などを身に付けていた。

こんなとき、「それ、いいね。でも、けっこう高かっただろ」とか「いくらだった?」などと、すぐに値段の話に持っていくのは人柄がいやしい、と言われても弁解できない。

もっとみっともないのは「あら、素敵ね」と言われて、

「そう、ありがとう。○万円もしたのよ。でも、気に入ったから、清水の舞台から飛び降りる思いで買っちゃった!」

などと、聞かれもしないのに、自分から値段を言い出す人だ。

「私にとっては、けっこう高いお買い物だったの」などの言い回しを使うと品よく聞こえる。

相手の年収を知りたがらない

大学時代の友人と久しぶりに会う機会があった。そんなとき、相手の仕事内容などの話題に花を咲かせて、大いに盛り上がる。そこまではいいのだが、「キミの会社、すごく待遇がいいんだってね。今、いくらもらっているの?」などとズバリ年収を聞き出そうとするのは、あまりに失礼だし、品性にももとる。

概して、生々しいお金の話を口に出すことは控えるのが大人のマナーだ。

結婚を前提にした付き合いだと、相手の収入は大きな関心事だろう。将来の生活を考えると、収入を知りたい気持ちもわからないでもない。

だが、年収ありきで始まる交際が本当に幸せにつながるものかどうか、結婚の本質を十分に考えてみる必要があるのではないだろうか。

飲めない人にお酒を強要しない

左党にありがちな悪癖《あくへき》の一つに、誰彼なく、お酒を飲むことを強要することだ。

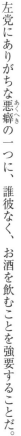

お酒の強い・弱いはアルコールを分解する酵素を持っているかどうかにより、ほぼ先天的なものだ。「私、飲めないんです」は本音だし〝鍛えれば〟飲めるようになるものでもない。

第一、「オレが勧める酒が飲めないのか！」と言えばパワハラそのもの。「飲めないんです」という女性社員にグラスを押しつけたりすればセクハラになる。「お酒は飲めないんです」と言われたら、すぐに、ノンアルコールの飲み物を調達する心づかいができるほうが、ずっと気が利いている。

◯ 歌えない人にカラオケを無理じいしない

人は十人十色だ。カラオケを楽しいという人もあれば、歌は苦手という人もいる。ところが、飲み会→カラオケはセットだと思い込んでいるような人もいて、尻込みする人を強引にカラオケルームに連れ込み、「歌え、歌え」と迫るのは、カラハラ（カラオケ・ハラスメント）と言われても仕方ない。

育ちのいい人は、何につけても、嫌がる人に無理やり強制するようなことはしないものだ。

結婚しているか、子どもがいるかどうかを聞かない

ひと昔前ほど、未婚か既婚かを気にしない時代になってきた。シングルでいることの快適さを楽しんでいる人も少なくないという。であれば、いっそう、相手が結婚しているかどうかを話題にする必要はないのではないか。

いずれにしても、結婚しているかどうか、子どもがいるのかどうか、などごくごく個人的な話題は、相手が自然に口を開くまでは触れないこと。これが配慮ある人付き合いのマナーだといえる。

「どちらへ？」「ちょっとそこまで」という会話ができる

玄関を出たところで、ご近所の人にばったり。そんなとき、「どちらへお出かけ

ですか?」と聞くのは原則として失礼で品も欠く。他人の領域にズカズカ踏み入ることは、最も慎むべきことの一つだからだ。

とはいえ、知らん顔もしにくい。そんなとき、少し前の時代の人たちは「どちらへ?」と尋ねるともなく尋ね、尋ねられたほうも「ちょっとそこまで……」と答えるともなく答えたものだ。

一見、禅問答のようにも聞こえるが、このやりとりはじつに理にかなっている。相手がどこに行くかを具体的に知りたいわけではなく、さりとて知らん顔で通りすぎるわけでもない。

他人の生活を覗《のぞ》き見るわけでもなく、だからといって無関心でもない。この巧みな距離感こそが、品のいいご近所付き合いを続ける秘訣だろう。

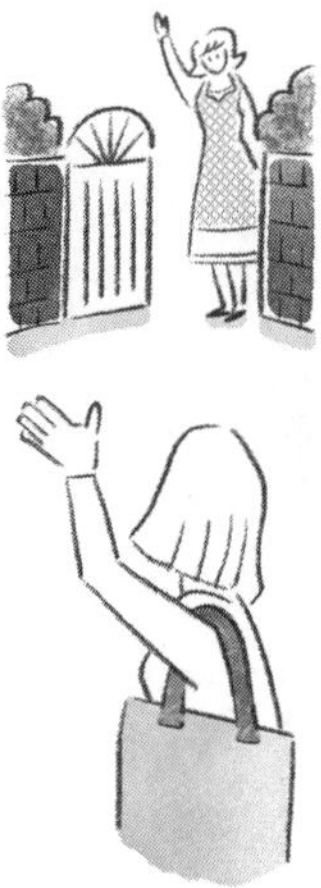

病気や死の話を話題にしない

中年以降になると、何かにつけて病気の話ばかりするようになる。それも、誰かが「私、血圧が高くって……」と言うと、「あら、私なんか、血圧が高いうえに糖尿もあるのよ」となぜか、自分のほうがより重症だと言い合う、いわゆる〝病気自慢〟に花が咲くのだ。

こうした光景は、何でも相手より自分のほうが上でありたいと思いがちな人の業《ごう》を見せられているみたいで、育ちのよさはまったく感じられない。

「私、がんになったら抗がん剤治療は受けないつもり。潔《いさぎよ》く尊厳死するわ」

そんな会話の仲間に、がんと闘病中の家族を持つ人がいるかもしれない。そもそも、病気や死の話題は雰囲気が暗くなりやすく、談笑の場にはふさわしくない話題である。

病気に向かう姿勢や死をめぐる価値観は、じつに多様である。相手が自分とは180度反対の意見を持っていたとしても、それを否定したり、議論したりする必要はないこともわきまえておこう。

大事な話だけに、他の人の考えを聞いてみたい気持ちもわからないではないが、もし話題にするなら、ごく親しい間柄で、お互いの家族の事情や日頃からの価値観も理解し合っている相手とだけ、と限定するほうがいい。

◯ 下ネタをうまく聞き流せる

下ネタはある意味、最もお手軽に人の関心を引きやすく、笑いも取りやすいからだろうか。場の雰囲気を盛り上げようというサービス精神からなのだろうが、どんな場でも、すぐに下ネタやエロトークを持ち出す人がいる。

だが、原則として、下ネタ、エロトークは下品になる。だから、避けるのが賢明だと心得ておくほうがいい。

仮にそうした話題が出たら、さらりと聞き流して「そういえば、あのお話はどうなりましたか?」などと、素早く別の話題に切り替えてしまうとよい。

他人の不幸話で盛り上がらない

○

よく「ここだけの話……」とか、「あなただけに話すのよ」という前置きで、知り合いの噂話を得意げに話す人がある。その顔をよく見てみよう。好奇心むき出しの、じつに品のない表情をしていないだろうか。

人は本質的には、人の噂話が大好きだ。特に「人の不幸は蜜の味」という言葉もあるくらいで、だいたい人の不幸話や秘密情報などを、さも見ていたかのように話したくなるものらしい。

その衝動をぐっと抑えるのが知性や教養なのである。きちんとした大人は、周囲が噂話で盛り上がっていても、自分はその輪には入らない分別を持っている。

「ねえ、Aさんって離婚したんですって。そういえば、最近、沈んでいることが多いわよねぇ。あなたもそう思うでしょ？」

などと話を向けられたような場合も「さあ、どうかしら」などと上手にはぐらかし、噂話にはけっしてのらない術を身につけているものだ。

人の容姿やスタイルについて話題にしない

久しぶりに会ったとたん、「あら、痩《や》せたんじゃない？」とか「ちょっと、ぽっちゃりしたんじゃない？　ダメよ、アラフォーになったら代謝が落ちるんだから気をつけなきゃ」などと言う人がいるが、こうした人は差し出がましく、けっして育ちがよさそうには見えない。

じつは病気をしてしまい、「痩せた」のひと言に大いに傷つく人だっていることを配慮しているだろうか。ナーバスな人は何げないひと言で傷ついたりするので、体形の他には髪の毛の話も基本的にはＮＧだ。

女性が何人かいる中で、１人を「美人だ、美人だ」とほめそやすのもよくない。本当にその女性が美人である場合でも、そうは言われない人の気持ちを考えて控えるのが心づかいというものだ。

つまりは、容姿の話をあからさまにはしないこと。これが品を守るための鉄則と心得よう。

怒りをその場で爆発させない

ちょっとしたことで、カーッとなって怒ってしまう。よくありがちなことだが、怒りにとらわれている人ほど醜《みにく》いものはない。醜態《しゅうたい》をさらすとは、怒りに身を任せている姿のことだ、といっても過言ではないだろう。

誰にでも経験があると思うが、怒りはあんがい冷めやすい。少したつと、さっきまであれほど腹が立っていたことさえ信じられなくなるくらいだ。つまり、怒りは少し間《ま》をおけば、しだいに落ち着いてくる感情なのだ。

怒りを感じたその瞬間に爆発させてしまわずに、いったんぐっとこらえる自己抑制力が欲しい。やがて気持ちが収まってくると、物事が客観的に見えてきて、冷静に落ち着いて判断できるようになる。

こうした姿勢を確立している人はいつも泰然自若《たいぜんじじゃく》としていて、余裕がある。育ちのよさとは、そうした余裕から漂《ただよ》うようになることを心得たい。

店内で「まずい」とか「○○のほうがおいしい」などと言わない

○

あまたあるグルメサイトを吟味して、足を延ばした割には「イマイチ」という店はあんがい多い。落胆が大きいのはわからないではないが、「おいしくないね」「この前、行った店のほうがよかった」などと店内で話すのは、いくらなんでもひどすぎる態度だ。

食べ物の味の評価には、個人差が大きい。サイトに投稿した人と、自分のテイストがたまたま合っていなかっただけ、ということもあり得る。

「小声で話しているから、周囲には聞こえないはず」というのも考え違いだ。店の人は、お客の反応には神経を配っている。

たとえ小声であっても、ちゃんと耳に届いている場合が多いことを察するくらいの感度が欲しい。

店の人に対しても言葉づかいがきれいだ

○

遠目にも高そうで、センスのいい服装で身を固めた紳士が、店の人を呼び止めて「ちょっと、あんた。ここ、汚れているんだけど」とテーブルクロスを指さし、乱暴な言葉を投げかけていた。

そんな光景を見るときほど、がっかりすることはない。

どんな人に対しても、ぞんざいな言葉を使わない。これは、相手に対してと言うより、自分自身に対する矜持《きようじ》を保つための最低ラインではないだろうか。

自分自身の品位を大事にしている人は、部下や協力会社の人に対する言葉づかいは言うまでもなく、宅配便などの出入り業者の人にも、それなりの敬意を込めた言葉を使い、態度を保つようにしているはずだ。

あとがきにかえて――

膨大な項目に「○」を付けながら読んでいると、育ちのいい人になるのはなんと大変なのだろうとため息をつく人もいるかもしれない。

だが、育ちのいい人になるために、心得るべき事はたった一つ。

「自分に恥じるようなことはしない」。ただ、それだけなのだ。

しかも、一読すればわかるように、一つ一つの行為はそれほど大変なことではない。親の小言のようで「わかっているさ」と言いたくなるようなことも多い。

その、たいしたことではないちょっとした言動を、面倒だからとか、誰も見ていないからと手を抜いたり、気を抜いたりしない。求められるのはそれだけだ。

自分自身に恥じない生き方は、おそらく、本当に心地よい生き方に通じるのではないだろうか。

「育ちのいい生き方」とは、結局、自分にとっていちばん気持ちがよく、いちばん上機嫌で過ごせる生き方だと言えるかもしれない。

本書は、2016年に刊行された『マナーより大事な品性がにじみ出る立ち振舞い』に加筆修正をしたものです。

KAWADE
夢文庫

育ちのいい人が身につけているちょっとした習慣

二〇二〇年 八 月三〇日 初版発行
二〇二〇年一〇月一〇日 2刷発行

著　者…………菅原　圭
企画・編集……夢の設計社
東京都新宿区山吹町二六二〒162-0801
☎〇三―三二六七―七八五一（編集）
発行者…………小野寺優
発行所…………河出書房新社
東京都渋谷区千駄ヶ谷二―三二―二〒151-0051
☎〇三―三四〇四―一二〇一（営業）
http://www.kawade.co.jp/
装　幀…………こやまたかこ
印刷・製本……中央精版印刷株式会社
DＴＰ…………株式会社翔美アート
Printed in Japan ISBN978-4-309-48546-1